Despertad,
humanos

Ha llegado la hora

Si este libro le ha interesado y desea que lo mantengamos
informado de nuestras publicaciones, puede escribirnos a
comunicacion@editorialsirio.com,
o bien suscribirse a nuestro boletín de novedades en:
www.editorialsirio.com

Diseño de portada: Editorial Sirio, S.A.
Maquetación y diseño de interior: Toñi F. Castellón

©   de la edición original
    2017, Suzanne Powell

©   de la presente edición
    EDITORIAL SIRIO, S.A.
    C/ Rosa de los Vientos, 64
    Pol. Ind. El Viso
    29006-Málaga
    España

www.editorialsirio.com
sirio@editorialsirio.com

I.S.B.N.: 978-84-17030-52-0
Depósito Legal: MA-1035-2017

Impreso en Imagraf Impresores, S. A.
c/ Nabucco, 14 D - Pol. Alameda
29006 - Málaga

Impreso en España

Puedes seguirnos en Facebook, Twitter, YouTube e Instagram.

Suzanne Powell

Despertad, humanos
Ha llegado la hora

EDITORIAL
SIRIO

Dedicated to my dear sister Karen. Over fifty years of sharing laughter and tears, games and dolls, secrets and surprises, challenges and achievements. A sister is a treasure. Thank you for your big heart and for being you. Love you Sis!

***

Dedicado a mi hermana Karen. Más de cincuenta años compartiendo risas y lágrimas, juegos y muñecas, secretos y sorpresas, retos y logros. Una hermana es un tesoro. Gracias por tu gran corazón y por ser tú. ¡Te amo, hermanita!

Nota de la autora

en agradecimiento a Antonio López,
coeditor de Editorial Sirio
(E. P. D.)

Querido Antonio:

No te imaginas cuánto te he recordado durante la creación de este nuevo libro. Desde tu partida de este plano, no paro de recibir informaciones sobre la urgencia de transmitir un mensaje importante para la humanidad: la necesidad de amarnos los unos a los otros. La sensación de que no queda tiempo está cada vez más presente, y nunca mejor dicho. Solo queda el ahora para reinventar nuestra historia como especie.

Entrego esta obra desde el amor incondicional a todos mis hermanos que habitan en la faz de la Tierra y los que están más allá del tiempo y el espacio. Somos una gran familia y ya toca recordarlo para que nuestro retorno a Casa tenga lugar en armonía y sin sufrimiento. Gracias por toda tu inspiración y cariño. Te tendré siempre presente, con una sonrisa dibujada.

Prólogo

Las tradiciones espirituales de todos los tiempos han invitado al ser humano a despertar, y en muchas ocasiones han hecho referencia a un tiempo límite dentro del cual esto puede conseguirse. Un gran número de predicciones han apuntado a los tiempos que estamos viviendo como el preludio de una etapa de grandes convulsiones más allá de las cuales la humanidad (o lo que quedase de ella) inauguraría una época de esplendor.

En su visión y sentir respecto a este tema, basándose en la conexión con lo que ella denomina *supermemoria* (la memoria del alma), Suzanne Powell afirma que la humanidad entrará en una edad de oro si suficientes personas se «cualifican» para ello. Esta edad de oro se vivirá en un nuevo paraíso, que será o bien la Tierra renovada o bien otro mundo preparado al efecto.

La manera de cualificarse es optar por el amor incondicional. Este constituye la base de la vibración y las capacidades que deberemos desarrollar para pasar a ser versiones más elevadas de nosotros mismos y poder dar origen a una nueva humanidad. Además, en términos de Suzanne, cuando ejercemos el amor incondicional, cultivamos una vibración más elevada que impulsa nuestra más alta evolución. Esta es la herencia que nos llevaremos de este mundo, y ninguna otra.

Conviene que el lector no olvide esta visión fundamental mientras recorre las páginas en que Suzanne nos alerta en relación con lo que puede ocurrir. Ella misma insiste en que no se trata de crear alarmismo, pues lo corporal y lo material no es lo importante, en última instancia. Ahora bien, la transición a la edad dorada se presenta como un acontecimiento de extrema belleza largamente anhelado y que vale la pena que intentemos disfrutar. Para ello necesitamos seguir contando con nuestro cuerpo. El sentido de las advertencias de tipo «catastrófico» de Suzanne es que sepamos de antemano lo que puede acontecer para que podamos cuidar mejor de nosotros mismos; también para que estemos mejor preparados para ayudar a las personas que lo puedan necesitar.

En toda esta etapa, afirma Suzanne, estamos siendo asistidos por nuestros «hermanos cósmicos», y ellos serían los encargados de proceder a la «evacuación planetaria» si la Tierra estuviese a punto de ser inhabitable. Esto significaría que la humanidad tomaría contacto directo con ellos coincidiendo con el surgimiento de la nueva versión del ser humano. Tal vez haya lectores a quienes esto pueda parecerles ciencia ficción... A ellos les digo que Alfred L. Webre, que trabajó como futurista para la Administración de Jimmy Carter, creó la disciplina denominada exopolítica para sentar las bases de las relaciones diplomáticas que, según él, vamos a iniciar próximamente con los extraterrestres.

Desde luego, si el ser humano despierta al amor incondicional, pasa a ser una mejor versión de sí mismo e inaugura una edad de oro, podremos considerar que se ha graduado con honores de esta etapa de la evolución, y podrá muy bien ser que continúe su andadura integrado dentro de una sociedad universal. En esta situación, ya no podrá reincidir en su arrogancia, ni se sentirá nunca más solo o «dejado de la mano de Dios».

Si tienen lugar transformaciones del calado de las mencionadas, será impresionante. Pero si no ocurriese nada tan espectacular (grandes acontecimientos planetarios, el traslado a un nuevo paraíso, el despertar de capacidades especiales, la manifestación de seres de origen extraterrestre), ¿no valdría igualmente la pena que viviésemos mucho más a partir del amor? El resultado sería una mejora de las condiciones de vida de quienes más sufren, un incremento de la felicidad y un respeto mucho mayor hacia la naturaleza, entre muchas otras maravillas que se podrían añadir. Por lo tanto, sí: vale la pena que, como seres humanos, despertemos y entremos en contacto con la vibración de nuestra amorosa esencia. Es una apuesta ganadora en cualquiera de los casos.

FRANCESC PRIMS,
autor de *Nuevos paradigmas*

No hay tiempo

¿Has oído en alguna ocasión que se le acaba el tiempo a la humanidad? Desde las profecías espirituales que han fijado fechas para grandes cambios hasta la noción ecológica de que podemos haber cruzado el punto de no retorno, la idea de que queda poco tiempo antes de que ocurra algo muy grande o muy grave está presente en muchas conciencias. En mi caso, el sentimiento de urgencia se ha acentuado en los últimos tiempos a raíz de unos episodios que he vivido que han activado una alerta en mi interior.

En primer lugar, ¿queda poco tiempo para qué? Para que la humanidad siga disponiendo de la oportunidad de despertar al amor incondicional aquí, en nuestro planeta, dentro del formato de vida que conocemos.

En segundo lugar, ¿por qué queda poco tiempo? Porque podemos esperar que próximamente ocurran grandes acontecimientos planetarios que marquen un punto de inflexión en nuestro devenir colectivo.

En tercer lugar, ¿cuáles son las consecuencias de despertar o de no despertar al amor incondicional en el tiempo que queda? Son enormes desde el punto de vista del destino que nos aguarda, e incluso en términos de nuestra capacidad para la supervivencia.

Pero no querría asustarte. No serviría para nada e incluso sería contraproducente. En lugar de dejarte llevar por cualquier grado de miedo, considera lo siguiente: el amor incondicional al que estamos invitados a despertar, y que determinará nuestro destino, es una elección. Puedes elegirlo con la misma facilidad con que eliges el miedo. Serénate pues, relájate, y permite que este amor dirija tu vida. Respira hondo unas cuantas veces... ¿Estás preparado ya para acompañarme en este viaje de despertar? ¡Pues pongámonos en marcha!

Empezaré por explicar el origen de mi sentimiento de urgencia. Si has leído mis otros libros, sabrás acerca de la existencia de Joanna, mi hija. Es una chica con una altísima capacidad espiritual, como ha demostrado con sus viajes astrales, sus premoniciones y sus conexiones con planos elevados de conciencia. Ello no quita que, en estos momentos, se encuentre en plena fase de la adolescencia. A raíz de un comportamiento que tuvo, le pedí que fuera a su habitación a reflexionar. Curiosamente, decidió ver una película de tipo espiritual. Mientras tanto, yo me quedé sentada en el sofá del salón, viendo un documental sobre los mayas. De pronto, salió de su cuarto, vino hasta mí y me dijo:

—Mamá, quiero hablar contigo. ¿Puedes apagar el televisor?

No era una petición muy habitual, así que lo hice, intrigada. Para mi sorpresa, se sentó en el suelo, a mis pies, con las piernas cruzadas, y empezó a hacerme preguntas sobre mi maestro, fallecido doce años atrás: cuáles eran sus gustos, su animal preferido, su comida favorita... Me extrañó que me preguntase todo eso, pero la conversación me atrapó completamente; no la asocié con una estrategia de una adolescente que estuviese manipulando a su madre para que le levantase el castigo. De repente, sin guardar relación con nada de lo que estábamos hablando, anunció:

—No hay tiempo. No queda tiempo.

Totalmente desconcertada, le pregunté:

—¿Tiempo para qué?

Resulta que faltaban unos diez minutos para la hora de su cumpleaños, y al principio pensé que se refería a esto. Pero no. La observé, y estaba transformada. Presentaba el aspecto que tiene cuando está conectada con su Ser: su carácter, su expresión, incluso el tono de su voz, son otros. Y repitió:

—¡No queda tiempo! Tienes que buscar la forma de transmitirle a la humanidad que tiene que amarse, despertar al amor incondicional, antes de que sea tarde.

Primero le dije que podía hacerlo por medio de un nuevo libro, y después le sugerí un vídeo, pero insistió en que no había tiempo para eso. Y me preguntó:

—¿Cómo imaginas los próximos quince años?

Automáticamente, como ella estaba a punto de ser quinceañera, pensé: «Bueno, me habla de esta cantidad de años porque es el período de tiempo que asocia con la duración de su vida». De modo que intenté ser positiva y le dije:

—Yo confío en el ser humano; está despertando. ¡Mira los cambios que se están produciendo! Tenemos que co-crear, como humanidad, una versión mejorada de nosotros mismos. Fíjate en que a los cursos ya no vienen veinte personas, sino mil o dos mil, lo cual significa que está desarrollándose una transición, que se está desencadenando un cambio, que vamos bien.

Negó con la cabeza y repitió:

—¡No hay tiempo! Busca la fórmula, reflexiona. —Se levantó, me miró con la expresión de adulto que suele tener en estos casos y dijo—: Piensa sobre lo que te he dicho y a ver si se te ocurre una idea, un modo de transmitir esto y lograr que se haga realidad.

Se marchó y me sentí muy empequeñecida. Fui a la cocina a hacerme un té. Ahí estuve dándole vueltas al asunto. Pensé: «Tengo un congreso dentro de poco en México..., aunque antes tengo el curso zen.* Pero al curso zen de Madrid vienen mil personas y no lo filmamos, con lo cual no llegará más lejos. A ver, ¿cuál es el título que le puse a esa charla que voy a dar en Guadalajara (México)?» (se trataba del encuentro internacional *Yo Soy*, en el que hablé el día 11 de febrero

---

* El curso zen se basa en el control del sistema nervioso mediante la respiración consciente, la meditación y una práctica conocida como toque zen. No está relacionado con ninguna religión ni doctrina, ni con la meditación zen budista (en nuestro caso, entendemos por zen estar conscientes las veinticuatro horas del día). Se imparte de forma gratuita en dos niveles, cada uno de los cuales tiene una duración de seis horas y se ofrece a lo largo de tres días. En ambos niveles se imparte una teoría sencilla y los participantes adquieren una capacidad real: a través de los chakras se estimula el sistema nervioso para que produzca sus propias sustancias químicas con el fin de optimizar la salud física y mental y, a la vez, mantener un equilibrio energético general. Con el curso zen la persona aprende a ser ella misma e incorpora una herramienta muy práctica para estos tiempos en los que vivimos: cada uno aprende sobre su propio cuerpo, sobre cómo controlarse y sobre cómo usar la herramienta para estar en paz y en calma en circunstancias que puedan ser conflictivas. También puede utilizar la herramienta para contribuir a la salud y la serenidad de otras personas. Para más información, visita http://suzannepowell.blogspot.com.es. También puedes suscribirte a mi lista de correo: correo.zen-subscribe@lafundacionzen.org.

de 2017). Busqué el título y vi que era «Llegó la hora». Y pensé: «¿Será que tengo que transmitir algo en esa conferencia, o en ese viaje?». El corazón me iba a mil por hora; mi alma me estaba diciendo: «Sí, sí; esta es tu verdad. Hazlo, solo hazlo». Pensé: «Vale, ya está. Si tiene que ser, saldrá; si tiene que ser, será el momento, y al fin y al cabo no seré yo quien lo haga». Es decir, no sería el personaje Suzanne Powell quien haría eso posible, sino la parte más elevada de mí, en sintonía con el nivel colectivo. Y, efectivamente, las cosas parecieron encarrilarse esa misma noche, pues recibí un *whatsapp* en el que me decían que la conferencia de México se retransmitiría a escala internacional.

Mientras estaba en la cocina, vino Joanna y me dijo:

—¡Mamá, no sé qué me ha pasado! ¡Es como si hubiese cambiado de personalidad!

Me contó que estaba en su habitación viendo una película y que de pronto se sintió diferente. Lo que ocurrió es que «había vuelto» Joanna. De hecho, no tenía ni idea de que habíamos estado en el salón hablando durante cuarenta minutos. Lo negó rotundamente, hasta que compartí con ella algo de lo que habíamos estado diciendo; solo entonces reconoció que, en efecto, habíamos mantenido esa charla.

Una vez en México, tanto o más significativa que la conferencia en la que participé fue la entrevista que sostuve con José Luis Rueda, del CIRCAC (Centro de Investigación Rueda Cósmica, A. C.), en Guadalajara, en ese mismo mes de febrero de 2017. Habíamos previsto una conversación de diez minutos, pero me solté totalmente ¡y acabamos hablando una hora y media! Sentí que ahí había tomado su mejor forma el mensaje que quería transmitir, de modo que me apresuré a compartir la entrevista en cuanto estuvo disponible. En muy pocos días tuvo muchos miles de visualizaciones, lo cual demuestra que algo está cambiando en el seno de la humanidad: hay muchas personas que tienen el mismo sentimiento de urgencia que yo y anhelan despertar, si no lo han hecho ya. Esa entrevista fue la semilla de este libro que tienes en tus manos. Espero que te brinde las claves que estás buscando para transitar por estos tiempos tan revueltos como apasionantes de tal manera que te conviertas en un ser humano que piense, sienta y actúe en sintonía con el amor incondicional, fiel a su verdad.

No quiero finalizar esta introducción sin invitarte a leer, en el apéndice 2, el escrito de Carlos Rodríguez, presidente de la Fundación Carpe Diem, sobre esta época de transición que estamos viviendo como humanidad en el contexto del sistema solar y el cosmos, así como la entrevista que me hizo Francesc Prims, en el apéndice 3.

¡Te deseo un feliz y rápido despertar!

Capítulo 1

El sueño colectivo

El origen de nuestra amnesia colectiva

La humanidad actual está, en su mayor parte, dormida. Sí, parece que estemos despiertos; utilizamos la mente y no dejamos de movernos y de actuar. Pero ¿somos en realidad nosotros quienes estamos pensando, sintiendo, actuando? ¿Nos conocemos a nosotros mismos y manifestamos nuestro verdadero Ser en este mundo? ¿Sabemos que nuestra naturaleza es divina y que contamos con grandes capacidades? ¿O nos limitamos a aceptar los pensamientos y las creencias que nos han dado y nos encasillamos en una rutina, temerosos de destacar, de ser distintos del rebaño?

Como seres humanos, tenemos un potencial maravilloso y no lo estamos manifestando. Estamos rindiendo muy por debajo de nuestras posibilidades, encasillados en la mente —que opera solo en clave de tercera dimensión— y sometidos a la influencia de entidades que tienen interés en que sigamos en este estado.

El origen de esta situación en la que nos encontramos se remonta al final de la Atlántida. La civilización atlante desapareció a raíz de una gran catástrofe provocada por un meteorito que impactó contra la Tierra. Se estrelló chocando en sentido contrario a la rotación terrestre, y el choque fue de tal calibre que la rotación del planeta fue desacelerando, hasta acabar por cesar totalmente. Al dejar de existir la rotación, dejó de haber gravedad, porque la primera es la causa de la segunda, gracias al campo magnético que se genera. Cuando este campo magnético desaparece, los materiales menos densos comienzan a flotar. Esto ocasionó que la tierra y el agua se elevasen como un todo y formasen una gran nube alrededor del globo, densa y rojiza. Cuando ese material se precipitó, tuvo lugar el episodio que la Biblia describe como el diluvio universal, también conocido como diluvio rojo. Los atlantes que se hallaban en la superficie del planeta fallecieron, pero muchos otros se encontraban en la red de túneles que esa civilización había construido y lograron sobrevivir. Además, también había atlantes en el espacio en ese momento, a bordo de naves.

Los atlantes que habían sobrevivido por hallarse bajo tierra no pudieron evitar entrar en estado de coma a causa de la magnitud del impacto. Dos años después, el movimiento de rotación se reanudó, la nube de tierra y agua ya se había depositado sobre la superficie terrestre y los atlantes despertaron del coma. (La Tierra, sin embargo, empezó a girar en sentido contrario; por eso se dice en la Biblia que cuando las personas despertaron, el sol salía por el este y no por el oeste). Ahora bien, cuando fueron despertando, se encontraron con que eran víctimas de una amnesia colectiva. Salieron a la superficie y vieron que sus hermanos estaban regresando en las naves, pues ahora ya volvían a darse unas condiciones que les permitían aterrizar. Sin embargo, a causa del estado de olvido en que se hallaban, no los reconocieron y los tomaron por dioses que bajaban del cielo.

LAS PIRÁMIDES DE EGIPTO SE CONSTRUYERON ANTES DEL CATACLISMO

Los atlantes eran una civilización muy avanzada y sabían que iba a acontecer algo grave en el planeta. Se desplazaban en naves a distintos lugares del universo y preveían que la Tierra iba a cambiar su órbita, por lo que construyeron las pirámides de la meseta de Giza a modo de antenas, para saber cómo regresar si todo pasase a estar cubierto por el agua. En efecto, las pirámides, ubicadas en un terreno de cierta elevación, les permitirían establecer una conexión vibratoria que les posibilitaría localizar a sus hermanos. El cambio de órbita no llegó a tener lugar en aquel entonces, pues antes se produjo el accidente del meteorito, que no habían previsto.

Las pirámides reflejan un dominio técnico asombroso, que seríamos incapaces de replicar hoy en día. Los millones de piedras que las componen, de varias toneladas de peso todas ellas y colocadas con precisión milimétrica, no se tallaron con instrumentos de cobre ni se llevaron hasta el lugar haciéndolas rodar sobre troncos, para subirlas empujándolas y tirando de ellas. En realidad, se partió de un estado de conciencia elevado y se utilizó una alta tecnología. Los conceptos de tiempo, espacio y mano de obra que asociamos con nuestras construcciones no se pueden aplicar a las pirámides. Además, y curiosamente, existe una correlación entre el emplazamiento de las tres pirámides de la meseta de Giza y la ubicación de las tres estrellas centrales del cinturón de Orión. Recordemos que todo es energía, todo son frecuencias, todo es conciencia. Y las pirámides tienen el poder de amplificar la energía. De modo que hay que ser muy cuidadosos: no podemos jugar con ellas ni limitarnos a verlas como objetos curiosos. Las pirámides incrementan lo que hagamos debajo de ellas, tanto si obedece a propósitos positivos como negativos.

Si bien los atlantes que estaban en la superficie se llevaron la peor parte en cuanto a los efectos del impacto del meteorito, los que se encontraban en las naves no resultaron indemnes. Concretamente, la profunda alteración que sufrió el campo magnético de la Tierra a causa del choque afectó a su sistema nervioso, que se vio estimulado. Por ello, recibieron con agrado las muestras de adoración por parte de sus hermanos cuando aterrizaron. Saborearon el poder que se les otorgaba y su ambición fue en aumento. Cuando llegó el final de sus vidas, no pasaron al plano al que van las almas que han vivido en conciencia, sino que, como ocurre en estos casos, se quedaron en la cuarta dimensión. Desde ahí las almas pueden afectar, y de hecho lo hacen, a las que están en la tercera dimensión viviendo sin la suficiente conciencia. De modo que los sucesivos líderes que habitaron en la Tierra se fueron viendo afectados por esos espíritus ambiciosos, que se han deleitado en influir sobre la humanidad de esta manera, manejando los hilos desde detrás del telón de forma solapada.

Factores de adormecimiento

A causa de lo expuesto, podemos considerar que la humanidad está recibiendo influencias de carácter multidimensional que la mantienen adormecida. A ello hay que añadir la afectación del campo magnético terrestre por una actividad solar inusual y por el desplazamiento del polo magnético, que hace que nuestro sistema nervioso esté más vulnerable. Ahondemos en esto un poco más.

Formas de intentar mantener dormida a la humanidad

El sistema imperante, diseñado a partir de la ambición y la sed de poder de unos pocos, fomenta el sueño hipnótico de la humanidad de varias maneras. Se trata de mantener al ser humano debilitado en el ámbito físico y mental, lo cual incluye alterar su sistema nervioso. Esto se consigue por medio de distintos tipos de radiación electromagnética y sustancias tóxicas y de estimular determinados comportamientos.

Los campos electromagnéticos de baja y media frecuencia, que incluyen las ondas que emiten las antenas de telefonía, los teléfonos móviles, el wifi, el microondas, las torres de alta tensión, los transformadores eléctricos o las redes inalámbricas, son perjudiciales para la salud. Aunque ha tendido a minimizarse el impacto de todo ello, está claro que afectan al sistema nervioso del ser humano, y la controversia acerca de su contribución al cáncer sigue abierta. Por otra parte, tenemos los campos electromagnéticos de alta frecuencia, producidos por la radiactividad, las radiografías y la radioterapia, que emiten un tipo de radiación no ionizante que no solo afecta al sistema nervioso, sino que es muy perjudicial para el organismo humano en general, pues daña directamente las células y el ADN. Las personas que son víctimas de este tipo de campos electromagnéticos pueden desarrollar cáncer si están expuestas a dosis de radiación bajas; si la radiación es más elevada, pueden experimentar alteraciones en la sangre, fatiga y náuseas poco después de la exposición; y si la radiación es más importante, pueden sufrir síntomas más graves e incluso la muerte en pocos días.

En cuanto a las sustancias tóxicas, tenemos los pesticidas, el mercurio presente en el pescado que consumimos, los citotóxicos, el flúor, los conservantes alimentarios, los tóxicos presentes en los productos de limpieza, higiene y cosmética, y un larguísimo etcétera. Por otra parte, cuando se llevan a cabo ataques químicos, la intención es controlar una gran cantidad de población; en esta situación, el ser humano está menos lúcido y no puede reaccionar debidamente.

No olvidemos tampoco el efecto adormecedor de la conciencia de la adicción a sustancias, desde las drogas y el tabaco hasta los edulcorantes artificiales y los potenciadores del sabor presentes en los alimentos.

Pero no son solo las ondas electromagnéticas y las sustancias tóxicas y adictivas las que mantienen dormido al ser humano. Con este fin, el sistema fomenta también los entretenimientos y las distracciones, que alcanzan el nivel de la adicción en muchos individuos. Son ejemplos de ello los eventos deportivos, los juegos de azar o los salones recreativos.

Cabe destacar especialmente la adicción a la tecnología, muy extendida por toda nuestra sociedad. Antes, cuando venía un invitado a tu casa, ¿qué te pedía? Quería saber dónde estaba el baño y si podía tomar un té o un vaso de agua. Hoy te preguntan si tienes código wifi y dónde está el enchufe...

Otro factor de adormecimiento de la conciencia es el fomento de la codicia. Y los aspectos físicos, materiales, son los que más alimentan el ego y la ambición. Es así como el sistema no para de incentivar nuestro deseo de cosas materiales.

Continuamente se nos incita a que compremos el móvil de última generación, el coche más flamante... Ello mantiene al ser humano atado a la rueda del consumo y es un factor más que le impide despertar.

En definitiva, al sistema le interesa potenciar todo aquello que mantiene nuestra mente distraída y nuestro sistema nervioso alterado, pues de ese modo nos olvidamos de nuestra esencia y no emprendemos la labor de meditar, ir hacia dentro y reflexionar sobre la vida.

El efecto del Sol y del cambio de polaridad

Como veremos en detalle más adelante, el Sol está desplegando una actividad inusual en los últimos años, la cual repercute en el campo magnético de la Tierra y, por tanto, en el sistema nervioso del ser humano, que está más alterado. También puede ser que contribuya a ello el desplazamiento del polo magnético terrestre, del cual también te hablaré, pues este fenómeno tiene el efecto de debilitar el campo magnético del planeta.

La alteración del sistema nervioso hace que la gente sea más vulnerable a la influencia procedente de otras dimensiones. Las consecuencias: se han incrementado, entre la población en general, el nerviosismo, la irritabilidad y la necesidad de tener la razón. Hay mayor tendencia a los suicidios, a la violencia de género y a que se produzcan ataques psicológicos, verbales y físicos. El estrés imperante hace que las personas no controlen sus reacciones en cualquier ámbito. De esta manera, el ser humano está en modo reactivo y es muy fácil manejarlo y manipularlo. Así, el sistema puede imponer sin problemas sus propias directrices de control de las masas.

Los líderes y gobernantes también se ven influidos desde las otras dimensiones con mayor facilidad, de modo que los egos y la ambición que imperan en el ámbito político ponen trabas a las relaciones diplomáticas y acentúan la posibilidad de un conflicto internacional.

El contagio del «mal rollo»

Todos estos factores provocan que la mente del ser humano no esté en calma, que tenga demasiado ruido en su interior, con lo cual la persona no está receptiva a las buenas influencias, incluidas las de nuestros hermanos cósmicos y los maestros que habitan en otras dimensiones. Ni siquiera está receptiva a conectarse con su propio Ser. En cambio, se vuelve vulnerable a la influencia de las vibraciones negativas. Quien no controla su sistema nervioso ni su carácter no controla su mente; así, se convierte en una marioneta fácilmente manipulable.

Cuando se acercan «malas vibraciones» al campo magnético de un individuo, también cambian la frecuencia de todos los que se encuentran a su alrededor. Aquello que hay detrás de la persona, afectándola, termina influyendo en los demás. Un ejemplo clásico: toda la familia está en paz, disfrutando de la cena; al cabo de un rato llega el familiar que faltaba y se muestra de mal humor, porque ha tenido un mal día. Se sienta a la mesa y contesta mal, se queja, critica... Si intentasen apaciguarlo y abrazarlo, no estaría receptivo, pues querría seguir con su dinámica. El resultado es que los demás terminan contagiándose y de pronto todos están discutiendo con todos. La armonía ha acabado.

A causa de los efectos de las influencias multidimensionales sobre la gente, resulta oportuno hablar de que el ser humano se ve *infectado* por esas vibraciones negativas, más que *afectado* o *influido* por ellas. Contemplaré así este fenómeno de ahora en adelante.

No tenemos por qué resignarnos

Nadie ni nada nos puede hacer daño salvo que le demos permiso. Las personas o las entidades multidimensionales solo pueden afectarnos negativamente si les abrimos la puerta creyendo y pensando que tienen el poder de perjudicarnos. Si no les damos paso, serán incapaces de penetrar en nuestro campo magnético para infectarnos de ninguna manera.

Somos dueños de nuestras decisiones y podemos optar por actitudes, comportamientos y estilos de vida contrarios a la distracción, la ambición y el egoísmo, y favorables a la salud del cuerpo, la mente y el sistema nervioso. Si somos fuertes en estos ámbitos, será mucho más difícil que nos veamos infectados.

En cuanto a nuestro destino colectivo, somos nosotros mismos, el pueblo, quienes estamos permitiendo que los gobernantes hagan lo que les plazca. Nosotros los votamos y, con ello, estamos contribuyendo a sus actos. ¿Qué ocurriría si todos decidiésemos no ir a votar o votar en blanco? Que les quitaríamos todo el poder que les hemos cedido. No tenemos por qué seguir siendo el rebaño dormido que va hacia donde ellos nos señalan; es hora de que asumamos la responsabilidad de nuestro destino.

La agitación previa al despertar

Hay signos de que el ser humano está empezando a despertar desde el amor. Es algo que está en la agenda cósmica y evolutiva, de modo que aquellos que se esfuerzan por mantener a la humanidad dormida no podrán evitarlo. He aquí algunas de las señales que indican que algo está sucediendo:

- Muchas personas aspiran a salir del corsé de la mente. Tienen la necesidad de expandir su conciencia y de adquirir conocimientos que no pertenezcan al plano intelectual, sino que sean más profundos. Sienten el impulso de crecer, no solo como individuos, sino también como colectivo. Es una muestra de ello el aumento de la demanda de los cursos zen que estamos impartiendo, gratuitamente, en muchas partes del planeta.

- Personas sensitivas, con altas capacidades psíquicas, dotadas de una gran inocencia, están comenzando a decir su verdad, y los demás estamos empezando a escucharlas.

- Muchos sienten la urgencia de posicionarse, de ser más ellos mismos. Están aprendiendo a escuchar su corazón y a actuar a partir de él; están sintiendo más que pensando.

- Muchos individuos cambian de trabajo o reajustan sus relaciones personales (hay separaciones, divorcios, hijos que deciden irse lejos o abandonar los estudios...) porque de pronto empiezan a sentir, a saber, que han venido a esta vida a hacer algo distinto de lo que han estado haciendo hasta el momento.

- Proliferan las movilizaciones de carácter político por el mundo. La gente se manifiesta contra un sistema que siente que no está a su servicio.

¿Acaso eres tú una de esas personas que no están satisfechas con su pareja, su hogar, su forma de vivir...? ¿Sientes que tienes que salir a hacer algo pero no sabes lo que es?

Muchos seres humanos han venido a este planeta para estar al servicio con amor, pero a causa del tiempo que han pasado en el olvido y a causa de las distracciones presentes en la sociedad, se han distanciado mucho de su cometido. ¡Es hora de recuperar la memoria!

Capítulo 2

Conexión y cocreación

El camino del amor

Al final de la introducción, Joanna había venido a la cocina y me había contado que se había sentido diferente. En ese mismo encuentro, me hizo recordar otra conversación que tuvimos, a raíz de una visión suya. Años atrás, mientras se encontraba en esa misma cocina con una amiguita de su misma edad, estuvieron hablando del universo (a las dos les apasiona este tema); imaginaron otras razas y especies que podían habitarlo. Cuando se fue su amiga, Joanna se quedó parada delante de la puerta de la cocina y me dijo:

—¡Mamá, lo que estoy viendo...! —Y me contó—: Delante de mí hay como un río grande, tal vez es un camino, y hay seres de luz en él. En el lado izquierdo, la mitad del mundo está ardiendo, y en el lado derecho, la otra mitad se está congelando. Y las personas verdaderas están en este camino que parece un río. Mamá, hay que estar en la luz; hay que estar en este camino que nos conduce hasta nuestra casa. Veo a las personas que están en el amor en este camino que hay delante de mí; son los ángeles que caminan en la Tierra, los humanos que recuerdan quiénes son.

Le pregunté tímidamente:

—¿Me ves a mí, hija, me ves?

Y respondió:

—No te veo pero te oigo; estás cerca.

¡Qué alivio! Y después quiso saber:

—¿Cómo podemos ayudar al mundo a recordar quién es para evitar ese sufrimiento en un lado y en el otro?

Le dije a Joanna que recordaba esa conversación. También le señalé que mi maestro decía que teníamos la oportunidad, a través de la enseñanza, de aprender a ser personas auténticas, verdaderas, que obren desde el amor incondicional. De hecho, estar o no en el amor, con las consecuencias que tiene lo uno y lo otro, consiste en una mera elección. Nosotros escogemos nuestras actitudes y nuestros comportamientos y en qué los basamos. De hecho, ya efectuamos la elección antes de encarnar, pero si una vez que estamos aquí nos perdemos y dejamos de tener la inquietud de saber quiénes somos realmente, acabamos por sentarnos a llorar. Porque nadie nos va a empujar, nadie nos va a obligar a que seamos la mejor versión de quienes somos en realidad.

Recientemente veía en Internet que se ha producido un gran salto en la resonancia Schumann (la resonancia de la Tierra), que ha hecho que empecemos a vibrar y pensar de otro modo. Ya no nos sirve el viejo paradigma; es hora de que actuemos de forma más afín a lo que es nuestro Ser. Estamos acostumbrados a vivir en una cierta dinámica, en una rutina, y debemos salir de ella. Para lograrlo, hemos de empezar por trascender nuestra forma de pensar y dejar de interpretar la realidad con la mente lineal.

La supermemoria

Hemos entronizado el pensamiento, pero no nos ha dado todas las respuestas. Nos ha servido y nos sirve para muchas cosas, pero también ha provocado que la humanidad se divida en bandos en función de sus creencias. Es necesario que el nuevo ser humano sepa ir más allá de la dualidad de la mente y pueda acudir a aquel lugar donde no hay contradicciones, donde moran las certezas. Este «lugar» es nuestro verdadero yo. Debemos estar en contacto con él, pues lo sabe todo y nunca nos va a confundir.

Y ¿dónde está nuestro verdadero yo? Compruébalo por ti mismo: ¿adónde señalas cuando dices «yo»? ¿Adónde llevas tu mano cuando acabas de recibir un impacto emocional? A un punto que está en la zona del esternón, en el pecho, justo encima del epigastrio. Ahí es donde se encuentra el cuarto chakra, la sede de tu cuerpo mental, también llamado alma. Esta es tu parte inmortal y tiene su propia memoria, que yo llamo *supermemoria*.

Nuestra supermemoria contiene toda la información procedente de nuestro Ser, todo lo que necesitamos saber. También es el disco duro donde se han registrado todas las experiencias de todas las vidas que hemos tenido a lo largo de todas las eras. ¡Y los seres humanos llevamos ochocientos millones de vidas a cuestas! En ella reside la información relativa a nosotros mismos como individuos y la relativa a la humanidad como especie.

Así pues, debes aprender a acceder a tu supermemoria, pues ahí mora la verdad que te concierne. ¡No habita en tu mente! La mente contiene todo el *software* que nos implantan desde que nacemos, todas nuestras creencias, que están en el origen de nuestros juicios y prejuicios. También contiene la memoria de las experiencias por las que hemos atravesado en esta vida y nuestra propia interpretación de ellas, así como los diversos conocimientos que hemos adquirido. La mente alberga pues informaciones muy útiles junto con otras que distorsionan nuestra percepción de la realidad; en cualquier caso, siempre se trata de informaciones que tienen que ver con nuestra existencia física en este plano. Todo lo analiza en clave de tercera dimensión. Por eso la mente, si bien es un recurso fantástico, también es un instrumento muy limitado; y como no puede remitirse al conocimiento absoluto, anclado en la eternidad, su especialidad es la duda.

Si tenemos la capacidad de acceder a nuestra supermemoria, podemos buscar información relativa a nuestras vidas pasadas, o bien ayuda y soluciones para nuestra vida actual. Para que ello sea posible, es imprescindible saber cómo bloquear, obviar o detener la mente física, dejarla a un lado. Y ¿cómo lograr esto? La meditación y los sueños son buenas herramientas. Pero también debemos tener un cambio de actitud hacia la vida, dejar de estar tan volcados hacia fuera y vivir más centrados en nosotros mismos. Y debemos atrevernos a preguntarle a nuestra alma y estar dispuestos a escuchar sus respuestas. Desarrollemos todo esto.

Desmitificar la mente y vencer las distracciones

Cuando tenemos una inspiración o una intuición, ¿de dónde viene? Desde luego, no procede de la mente, pues no es algo que forme parte de nuestro *software*. Y ¿cómo es posible que un determinado niño de corta edad se siente delante de un piano, se inspire y toque como un gran maestro? O ¿cómo es posible que a alguien se le ocurran fórmulas matemáticas o químicas, aparentemente salidas de la nada? ¿De dónde proviene todo eso? ¿Recuerdas quién fuiste tú y quién eres a cada momento? En realidad, el pasado no existe. Estamos en el eterno presente, en el aquí y ahora. Todo está sucediendo a la vez. Lo relevante es a qué parte de nuestra existencia accedemos, en el presente, en función de la frecuencia con la que sintonicemos. Ten en cuenta también que existimos en múltiples dimensiones. Más allá de la quinta existe una plataforma a partir de la cual hay un despliegue multidimensional. Y nosotros habitamos en todos esos espacios, aunque no nos demos cuenta.

Así pues, ¡hay tanta información disponible! Pero para poder acceder a ella debemos sortear la mente, que lo analiza todo y cree que lo sabe todo. No es la acumulación de nuevos conocimientos lo que nos permitirá conectar con la supermemoria, sino que debemos hacer limpieza de lo viejo.

Por tanto, tienes que desandar tu propio camino, desaprender lo aprendido. Tienes que ir eliminando las capas de cebolla que son tus creencias mentales, tus condicionamientos, todo lo que te han inculcado a través de la educación. Cuanta mayor facilidad tengas para dejar la mente a un lado, más fácil te resultará acceder a tu propio disco duro (tu supermemoria) para obtener la información que necesitas. Con este fin, debes ir hacia dentro, dejar de buscar fuera.

Si te mantienes en el exterior, ya sabes que el sistema es especialista en brindar entretenimientos para los cinco sentidos y tentaciones materiales. Frente a ello, pregúntate qué quieres para tu vida: ¿un coche más potente, una casa más grande, más dinero, comer más o llevar una vida más sedentaria, para luego acabar en el hospital con un cáncer u otra enfermedad que te haga dependiente del sistema? O bien ¿quieres seguir siendo un adicto a la tecnología? ¿O seguir aferrado a las creencias y los condicionamientos que te han inculcado, que te hacen pensar que todo tiene que ser de una determinada manera? Todo esto hace que estés desconectado de tu esencia y te impide estar sintonizado con lo que eres a escala multidimensional.

Empieza por buscar la sencillez. Y valora la paz, sobre todo. Aspira a tener paz en tu mente, en tus emociones, en tu cuerpo físico, en tu sistema nervioso. Esto te dará la oportunidad de gozar de claridad mental y tener capacidad de discernimiento.

Para disfrutar de una mayor paz, busca todo aquello que te aporte calma: medita, practica la respiración consciente, emplea técnicas de relajación... Date tiempo y permiso para ser tú mismo. Mira películas divertidas, que fomenten el amor y la alegría, o de contenido espiritual; en cambio, no veas esos programas de televisión, esas películas o ese tipo de noticias que hacen que tu vibración baje y no te sientas bien. Opta por buenas lecturas, canta, escucha música... Además, concibe que estás en servicio y olvídate de ti mismo: ten la certeza de que vas a contar con toda la ayuda que necesites y relájate. De esta manera te irás convirtiendo en una versión más elevada de ti mismo; irás aumentando tu frecuencia. Y se irá abriendo tu capacidad de conexión; estarás «quitando el polvo de la antena».

Atrévete a preguntar

Detente un momento para contemplar el curso de tu existencia. Echa un vistazo al último año. ¿Cuántos cambios has vivido en este tiempo? ¿Y en los últimos seis meses? ¿Y en el último mes? ¿Cuántos cambios estamos viendo a nivel personal, colectivo o planetario?

En estos tiempos de modificación de la vibración a todas las escalas, es fácil que se produzcan alteraciones importantes en las vidas de las personas. A cada cual le llega lo que le tiene que llegar en función de la ley de correspondencia y la ley de acción-reacción. Frente a ello, depón tus resistencias y permite la llegada de lo nuevo. De ese modo, aquello o aquella persona que ya no se corresponda con tu vibración abandonará tu vida.

Para que estos cambios tengan lugar con naturalidad y fluidez, debes ser capaz de desapegarte, de soltar. Obviamente, es más fácil decirlo que hacerlo. Si estás en modo mente, puedes verte abrumado por las dudas. Tal vez te encuentres en la tesitura de tener que tomar decisiones de mucho calado y seas incapaz de discernir qué deberías hacer. Ante ello, la clave es preguntar y observar: ¿qué sientes en el pecho, allí donde se aloja tu alma, independientemente de todas las consideraciones de la mente, en relación con tu pregunta?

Tómatelo con calma, tómate tu tiempo, reflexiona, pero guíate por lo que sientes. Si, ante una disyuntiva, tomas la decisión menos acertada, las cosas no saldrán como quieres y te darás cuenta de que debes tomar otro camino. Así pues, no te preocupes. Suelta y fluye, sin expectativas.

Ten siempre presente que el factor clave para obtener respuestas es hacer preguntas: ¿por qué ha aparecido tal persona?, ¿por qué te ocurren determinadas cosas en la vida?, ¿deberías dejar tu actual empleo?... También puedes hacer preguntas de mayor alcance: ¿por qué se están produciendo tantos cambios a escala planetaria?, ¿tiene un guionista todo lo que vemos y todo lo que está ocurriendo?, ¿quién eres tú más allá del personaje como el que te manejas en este mundo?...

Piensa que tienes una página de búsqueda, un Google interior, en el que tecleas tus preguntas. Es tu propia intención de saber la que abre la espiral de la conexión con lo que tú eres «ahí fuera», con esa parte elevada de ti que está en otras dimensiones y que tiene las respuestas. «Pide y se te dará». Si no tienes la inquietud o la necesidad de saber, no se abrirá la página del buscador, y no transitarás por un nuevo camino.

Así pues, atrévete a preguntar y atrévete a recibir y aceptar las respuestas, y a pensar más allá con una mente abierta, para poder hacer diez preguntas más y recibir diez respuestas, y a continuación hacer cien preguntas más y recibir cien respuestas, y seguir preguntando, con la inocencia y la curiosidad del niño que quiere saber. Tenemos que abrirnos a captar nuestra sabiduría interior en lugar de buscar datos y más datos procedentes de otros seres humanos que se han limitado a interpretar los sucesos con la mente a partir de lo que han captado a través de los cinco sentidos. Cuando lees o escuchas algo, no se trata tanto de interpretarlo como de sentir y resonar: ¿te aporta paz la información que te llega o te la quita? Y ¿qué te aporta?

La misma información puede resonar de manera distinta en una persona y en otra. E incluso en la misma persona, dependiendo del momento. Por ejemplo, puede ser que cierto día te apetezca leer un determinado libro, de modo que lo tomas, te resuena lo que lees y vas pasando las páginas. En cambio, otro día tomas el mismo libro en tus manos, lees cuatro palabras y lo cierras enseguida. ¿Por qué? Porque no es el momento. No siempre tienes el mismo grado de apertura. Según lo abiertos o cerrados que estemos, somos más o menos permeables a la información, la interpretamos de una u otra manera y tomamos unas u otras decisiones. Cada uno es libre de interpretar a su antojo, pero si no es el momento para ti de recibir ciertas informaciones, especialmente de tipo espiritual, no debes negar que otros sí estén en su momento y lo reciban desde su propia versión de la realidad. Por eso es muy importante no juzgar. Permanece con la mente abierta y deja que los demás vivan sus experiencias, porque algún día puede ser que estés ahí, con ese nivel de evolución, y mires atrás y digas: «Hace años, cuando escuchaba algo así me subía un escalofrío por la espalda. En cambio, ahora resueno con ello. Antes no estaba preparado».

Los sueños y la supermemoria

Los maestros de antaño siempre nos han dicho que debíamos aprender a no ser nada, lo cual significa estar fuera de la propia mente. Cuando no percibimos con la mente, estamos en contacto con informaciones que la razón interpretaría como incomprensibles, ilógicas, irracionales, imposibles. Esto ocurre por ejemplo cuando soñamos. En este estado, hemos desconectado del modo mente y aceptamos experiencias que nuestra parte racional se negaría a asumir. Después nos despertamos y descartamos eso que hemos vivenciado: «Fue solo un sueño», decimos.

Me gustaría preguntarte: ¿qué hacemos aquí en la tercera dimensión, viviendo una vida? ¿Esto es real? ¿Estás seguro? Pellízcate. Sientes el pellizco, porque tienes cinco sentidos y un cuerpo físico. Pero ¿por qué no lo sientes mientras duermes? ¿Dónde estás entonces? Y ¿dónde estás cuando entras en meditación profunda? Tienes sueños en los que te parece que te hallas en la vida real: en ellos besas, abrazas, gritas, te peleas, hueles, comes, haces el amor... ¿Todo eso es real? A veces nos despertamos y decimos: «Habría jurado que era la vida misma». Pregúntate: ¿cabe la posibilidad de que la vida de vigilia sea el sueño y de que el mundo de los sueños sea la realidad? ¿Por qué tienes la conciencia de transformar las cosas en otras cuando estás soñando y escapar así de los peligros? Por ejemplo, puedes decir: «No quiero que este monstruo me muerda» y convertirlo en algo distinto. También puede ser que ansíes vivir una determinada situación y logres hacerlo en sueños...

Cada vez más personas se preguntan si la vida es un sueño y si los sueños son reales, porque ha llegado el momento, como humanidad, de que empecemos a cuestionar nuestra existencia. Ahora toca aprender a manejar la vida de la misma forma en que manejamos nuestro mundo onírico: conscientemente. Somos igual de poderosos en ambos contextos; lo que ocurre es que no lo recordamos.

Cuando nos dormimos y cuando entramos en meditación profunda, la mente racional se apaga y el cuerpo se aquieta; en ese momento, nuestro cuerpo mental se separa del cuerpo físico y empieza a viajar, en busca de informaciones que incorporar a su supermemoria. Se trata de que, en el momento en que el cuerpo mental regresa y se empieza a acoplar al físico, cuando nos encontramos en ese estado de duermevela, permitamos que tenga lugar el trasvase de información de la supermemoria a la mente física.

¿Cómo hacerlo? Hay una fórmula, que puedes poner en práctica esta misma noche si quieres. Cuando te vayas a dormir, pon una libreta en tu mesita, junto con un bolígrafo. También puedes tener una lamparita o una linterna a punto, aunque no es necesario. Si te despiertas en medio de la noche, o en el mismo momento en que te despiertes por la mañana, toma el bolígrafo y escribe lo último que recuerdes, aunque sean dos palabras. En cuanto empieces a escribir, será como tirar de un hilo: saldrá otra imagen, otra palabra, y de repente todo empezará a fluir. Se revelará toda una escena o un acontecimiento, a lo cual seguirán más..., hasta que te verás rellenando dos, tres o cuatro hojas con contenidos que no habrías podido captar de ningún otro modo (quizá a lo largo del día habrías tenido algún atisbo del sueño, a lo sumo). Al realizar esta práctica, no esperes recordar escenas coherentes desde el punto de vista de la mente: cuando estamos fuera del cuerpo, no existen el tiempo ni el espacio, con lo cual no vivimos las experiencias de forma lineal. También puede ser que recibas soluciones, inspiraciones o ideas, o incluso datos muy específicos.

Si quieres, antes de dormirte puedes formular una pregunta. Escríbela y olvídala; no te quedes en la cama pensando en ella. Por la mañana tal vez te vendrá un dato; tira de él. Acaso descubrirás que tu vecina (de la que estás enamorado) fue tu madre en otra vida. Habíais hecho un pacto y habíais quedado en que ibas a reconocerla por un lunar que tendría al lado del ojo. Tal vez ella no se acuerde ni quiera hacerlo, pero al menos tú tendrás una pequeña explicación acerca de por qué te enamoraste de ella.

Aunque parezca un juego, es una forma de entrenarse en establecer la conexión con la supermemoria y transmitir datos de esta a la mente física. Algo importante que debes tener en cuenta es que cuando estés escribiendo no pongas los pies en el suelo, porque cuando hacemos toma de tierra, se rompe la conexión. Estos contenidos fluyen en el estado que llamamos de semivigilia, en que el cuerpo mental aún no ha acabado de encajarse dentro del físico, con lo cual la información puede evocarse con mayor facilidad. Pero si el cuerpo toma tierra, el encaje se completa y se pierde la conexión.

Este entrenamiento es muy importante, aunque te salga una letra ilegible al principio. Algún día, cuando esta escritura automática surja con mayor fluidez, empezarás a recibir informaciones premonitorias, o quizá de tipo personal, procedentes tal vez de tu familia cósmica. Cuando eso ocurra, te podrás preparar mejor para la acción.

Además, en los cursos zen damos una herramienta de empoderamiento consistente en activar nuestra capacidad de recordar, de la cual ya disponíamos como atlantes antes de que tuviera lugar la catástrofe que puso fin a esa civilización. Cuando el alma despierta, podemos recordar quiénes somos y la vibración del amor incondicional nos permite acceder a los contenidos de la supermemoria. Con esta misma herramienta somos capaces de apaciguar la mente, el espíritu y el cuerpo físico y acabar con los dolores y las enfermedades. Pasamos a ser dueños de nuestras vidas.

Crear y cocrear desde la sede del alma

El cuarto chakra, como sede del alma, genera potentes campos eléctricos y magnéticos, mucho más fuertes que los que emanan del cerebro. De hecho, hay satélites que han podido captar cómo las emociones humanas afectan al mismísimo campo magnético de la Tierra; esto se observó a raíz de los atentados del 11 de septiembre de 2001 y muchos estudios han constatado esta realidad posteriormente.

Cuando la emoción está acompañada por la intención y la conciencia, el ser humano tiene el poder de crear realidades. Esa proyección es recogida por el universo, que la expande. Pero, además, esa emanación impacta en el campo magnético terrestre y en otros seres humanos —los que puedan estar en sintonía con esa proyección en virtud de la ley de la atracción, la ley de opuestos, la ley de correspondencia o la ley de resonancia—. Ese es el modo de lograr que grandes cantidades de personas vibren al unísono con algo.

Ya que somos cocreadores del mundo en el que vivimos, ¿por qué no extender una vibración constructiva, optimista? En lugar de enfocarnos en el caos, centrémonos en los milagros, los cambios positivos, los acontecimientos alegres y los hechos maravillosos que están teniendo lugar en el planeta. Por ejemplo, cuando hay un conflicto o un desastre en alguna parte, los seres humanos nos volcamos para ayudar. ¡Este es un motivo de esperanza!

Podemos cocrear una nueva realidad simplemente pensando que es posible y producir en nuestro interior el cambio que queremos ver en el mundo. ¿Cuál es la alternativa? ¿Sentarnos todos a llorar y a lamentarnos con el sentimiento de que no podemos hacer nada, de que somos vulnerables y víctimas de un destino muy cruel? Esta no es la forma de evolucionar. Cuando no somos conscientes de que podemos cocrear, igualmente lo hacemos, pero sin saberlo, lo cual nos lleva con frecuencia al sufrimiento. En cambio, cuando somos conscientes de nuestro poder creador, empezamos a cocrear en positivo.

Si la realidad que vemos es un reflejo de nuestro interior, es obligado que nos hagamos una serie de preguntas cuando lo que vemos no nos gusta: «¿Por qué está ocurriendo esto?», «¿Cuál es mi papel en este juego?», «¿Qué tengo que cambiar en mi interior?», «¿Qué puedo hacer yo desde mi paradigma para cambiar lo que hay fuera?». En definitiva, debemos reflexionar sobre nuestra vida y nuestras actitudes y ver qué podemos aportar. Somos una gota en un océano, sí, pero también somos el océano. Formamos parte de lo que hay en el mundo, y a nosotros nos corresponde cambiarlo.

El devenir de la humanidad lo vamos cocreando entre todos. A la vez, sin embargo, cada uno de nosotros vive unas circunstancias diferentes, porque cada uno crea su propia realidad. Por ello, si no te gusta tu mundo, tienes que reflexionar sobre tus pensamientos y tus creencias. Solo tú puedes cambiar la versión de la realidad que has creado para ti.

En las dimensiones superiores, donde no tienen unidades de cálculo más allá del diez mil, dicen que hay «diezmiles» versiones de la Tierra. Esto no significa que, físicamente, haya miles y miles de versiones de nuestro planeta. Significa que cada cual vive su versión del mismo mundo, en función de cómo lo interpreta. Y si a un individuo no le gusta el mundo en el que está viviendo, puede, desde su propio sentir, cambiarlo. Se trata de elevar la propia frecuencia para cambiar la propia realidad. En este sentido, estamos creando muchos miles de realidades paralelas, y podemos «saltar» a una mejor a partir de nuestras creencias. O a una peor, si optamos por lamentarnos y creer que no podemos hacer nada para cambiar las cosas.

Tal vez te estés preguntando: «Si es tan fácil crear un mundo maravilloso, ¿por qué no creamos cada uno una realidad en la que todo sea perfecto?». El mundo en el que estamos tiene sus características, pues lo cocreamos desde muchos estados de conciencia diferentes. Pero no hemos venido a él fruto de la fatalidad, sino que hemos elegido hacerlo a causa de las oportunidades que nos ofrece de practicar el servicio con amor y, así, elevar nuestra frecuencia. Si todo fuese perfectamente fantástico, maravilloso y armonioso, no tendríamos esta posibilidad. Por lo tanto, siempre que se presente en tu vida una adversidad, un conflicto o algún otro acontecimiento que te saque de tu zona de confort, agradécelo y valóralo como una oportunidad de actuar a partir de tu esencia y de descubrir más acerca de tus capacidades.

Ser uno mismo

Debemos estar en contacto con nuestra alma. Para ello, hemos de ser capaces de escuchar qué es lo que sentimos realmente.

Estamos aprendiendo a ser personas reales, verdaderas, que obran desde la humildad y el corazón, desde el amor incondicional. Quienes hemos venido a darle un sentido profundo a nuestras vidas, quienes hemos venido a cumplir con el propósito de amar y servir, nos entregamos sin esperar nada a cambio. No hace falta mirar más allá del momento presente: ¿a quién puedo ayudar o apoyar ahora mismo? ¿Cómo puedo hacerlo? Mientras conservamos este enfoque, sabemos que el mayor propósito de nuestra entrega es el servicio que nos hacemos a nosotros mismos, el impulso que le damos a nuestra evolución.

Pero no podemos tener esta actitud si permanecemos inconscientes, dormidos, condicionados por el *software* de la mente y por todas las distracciones de este mundo. Por ello debemos empezar por eliminar nuestros bloqueos y atascos mentales, desprendernos de las creencias que hemos asumido como realidad. Antes de pretender cocrear mejores versiones del mundo, debemos empezar por nosotros mismos. Realmente, no le hacemos un favor a nadie si no tenemos conciencia de quiénes somos realmente.

Busca tu equilibrio a través de una buena práctica espiritual, como la meditación o las herramientas zen que enseñamos en los cursos. Y, sobre todo, sé tú mismo, sé auténtico; no busques ser lo que no eres. Estamos completos cuando sencillamente estamos en el presente, sin intentar esforzarnos en buscar la autosuperación. En realidad, no hay que hacer nada en especial para crecer espiritualmente; basta con ser uno mismo. La vida nos enseña lo que necesitamos aprender; y cuando nos equivocamos, lo que acabamos por aprender al final es a ser más auténticos.

Capítulo **3**

Desinfectar y desbloquear

La infección multidimensional

La infección multidimensional no está producida solamente por los antiguos atlantes ansiosos de poder y de mantener a la humanidad dormida, sino también por el resto de los espíritus que, por el motivo que sea, no han completado su viaje después de la muerte, no han ido a su destino para continuar con su evolución, de modo que se han quedado en una dimensión muy próxima a la nuestra, creando un espesor que no se ve pero que se siente. Infectan la mente y la vibración del ser humano, con lo cual impiden que este despierte y sea consciente del sentido de la vida (la propia y la de la humanidad).

Si cada uno mira dentro de sí mismo y reflexiona sobre su vida (sus pensamientos, sus actos, sus circunstancias, lo que le ha ocurrido...), verá que nada sucede por casualidad, que todo tiene su porqué. ¿Todo? Aunque las evidencias no son siempre tan claras, hay que considerar que muchos de los bloqueos que experimenta el ser humano (en todos los ámbitos: físico, emocional, mental y espiritual) son de origen multidimensional. Esto incluye también problemas de salud de diversa índole.

El ser humano y la humanidad en general deben quitarse este enorme peso de encima. Y solo el amor y una altísima capacidad harán que esto sea posible.

¡Procedamos a desinfectar!

La infección que estamos viviendo no es tan nueva. En este mundo ya ha habido muchos bloqueos, a todos los niveles, en todas las épocas. Con el fin de intentar erradicarlos, han ido apareciendo técnicas diversas a lo largo de las eras.

En nuestra enseñanza se aportan herramientas y técnicas, fáciles de aprender y utilizar, con el fin de eliminar los distintos tipos de bloqueos. Y también se enseña lo que denominamos el cien por cien de capacidad. Gracias a ello, los alumnos tienen el poder de hacer «limpieza multidimensional», es decir, pueden elevar a su destino a las almas que se han quedado por aquí. He de decir que, puesto que somos humanos, hay personas que han aprendido el cien por cien de capacidad y han vuelto a dormirse. ¿Por miedo? ¿Por comodidad? ¿Por el qué dirán? ¿Por no ser diferentes? ¿Por la elección de vivir en la ignorancia? Sean cuales sean los motivos, ha llegado el momento de que despierten, de que se levanten del sofá, de que abandonen el mando a distancia y se pongan en acción. ¡El mundo necesita vuestra contribución!

Existen otras posibilidades además de la capacidad zen. En los escritos religiosos, en la Biblia por ejemplo, nos dicen que recemos por las almas perdidas. Rezar para elevar a las almas es una buena opción, siempre que tengamos la capacidad de hacerlo con verdadero amor, desde el alma, desde el sentir, desde la esencia, en lugar de limitarnos a recitar oraciones como loros, sin sentimiento. Solamente con el amor podremos crear la alta vibración que es necesaria para lograr nuestro objetivo.

En cualquiera de los casos, sea cual sea la técnica que apliquemos, conviene que soltemos nuestro propio egoísmo y egocentrismo y nos entreguemos al servicio a los demás, con amor. Así, al estar ocupados con algo que vale la pena, soltamos lastre. Dejamos de estar tan distraídos y vemos que nuestra vida cobra sentido.

La serenidad que nos aporta el hecho de estar al servicio nos da la oportunidad de olvidarnos de nosotros mismos, salir de la ignorancia y conectar con nuestra verdadera esencia. En lugar de implicar a los sentidos con distracciones banales que fomentan la inconsciencia, los utilizamos para conectarnos más con quienes somos realmente. Experimentamos plenitud en el corazón, en la mente y en nuestras vidas, pues sentimos lo que somos y nos lo creemos. Así nos convertimos en personas verdaderas, auténticas.

Cuando cambiamos nuestra propia vibración con la intención de servir al mundo, no son solamente los demás y nosotros mismos quienes salimos beneficiados de ello. También estamos provocando cambios en la vibración del planeta y, desde ahí, en todo el sistema solar. «Como es arriba, es abajo», de modo que, así como el ser humano se ve infectado por entidades multidimensionales, a nuestro sistema solar le ocurre lo mismo, y a su vez infecta al cosmos. Por ello, nuestra contribución vibratoria es muy importante.

El trabajo de cada uno es simplemente hacer lo mejor que pueda siendo él mismo, pero no desde un sentimiento de impotencia, de pensar que no somos nada dentro de la enormidad del cosmos. Puesto que somos gotas de un océano, la suficiente cantidad de personas conscientes puede dar lugar a un tsunami colectivo; un tsunami de amor en este caso, que tendría un impacto sobre el resto de la humanidad.

Los grandes cambios están llegando. Pero debemos saber que aún estamos a tiempo de prepararnos, de hacer que la transición sea más dulce por medio de contagiar en positivo al mayor número de personas posible. Para ello es muy importante que estemos en calma y en paz con nosotros mismos y que tengamos confianza.

Lección de humanidad

La mayor lección que hará que podamos desprendernos de todos los bloqueos tiene que ver con cómo tratamos a los demás. Si muestran algún tipo de comportamiento desagradable con nosotros, hemos de aceptar lo ocurrido, perdonar y olvidar. No debemos juzgar a los otros seres humanos, sino erradicar nuestros prejuicios, vivir tranquilos, permitir que los demás vivan en paz, pensar lo mejor de ellos y saludar con frescura, atendiendo a quién es cada uno en el momento presente, en su esencia, independientemente de lo que haya hecho en el pasado. Se requiere soltar mucho lastre para poder hacer todo esto.

Sea cual sea la técnica, la enseñanza, la doctrina o la religión a la que te adhieras o te vayas a adherir, seguro que tiene como base esta reivindicación de nuestra humanidad. Es el momento de que comprendas esto y superes esta prueba.

Suena fácil, pero ¿ya lo has logrado? ¿Ya has conseguido pensar solamente bien de la gente? ¿Ya has desechado todos tus prejuicios? ¿O todavía estás en ello?

Estos puntos son tan importantes que merecen que les prestemos atención. Así pues, dedicaré el resto del capítulo, sobre todo, a arrojar luz sobre algunas de nuestras principales «debilidades humanas» en relación con los demás y a presentar las actitudes que nos permitirán superarlas.

Aceptar, perdonar y olvidar

Debemos entender que todos venimos a este mundo con un trabajo que hacer, con un propósito. En el ámbito de las relaciones humanas, este propósito tiene que ver a menudo con el regreso al equilibrio, en función de leyes cósmicas como la de acción-reacción. Por eso, alguien puede tener un problema justamente contigo y no con otras personas. Cuando ese alguien te ataca, habla mal de ti o piensa mal de ti, ¿qué es lo que debes hacer? Darle las gracias. No verbalmente, por supuesto; hay que experimentar el agradecimiento en el corazón. Siéntelo al comprender que ese acto, esa palabra o ese pensamiento de la otra persona significa un ajuste de cuentas. ¿Qué has creado en otro momento para que eso regrese a ti? Ponte la mano en el pecho y di: «*Mea culpa*». De esta manera puedes aceptar la situación, y a continuación perdonar al otro y olvidar.

Ten presente, además, que tú mismo has elegido vivir esa lección, para superarla y obtener una alta evolución. Así es como uno ingresa profundamente dentro de una enseñanza espiritual: teniendo una comprensión más amplia de lo que hay detrás de lo que está ocurriendo y siendo capaz de actuar de una manera diferente, en coherencia con una alta vibración. De esta forma uno sale del modo ego, el cual, como bien sabemos, nos dicta comportamientos reactivos, de ataque o defensa (querer tener la razón es uno de estos comportamientos).

Es duro, es difícil. ¿Quién ha dicho que sea fácil? Requiere un enorme acto de humildad. Pero contémplalo de esta manera: vale la pena que respetes a ese ser que, en su inconsciencia o en virtud de un pacto que establecisteis antes de encarnar, te da la oportunidad de practicar el perdón. Si os une un pacto, el preacuerdo que hicisteis antes de venir a la Tierra, como almas, pudo haber sido así:

—Mira, querido hermano, te voy a hacer sufrir. Te voy a dar muchos motivos para que sientas enfado, rabia, hacia mí, pero lo voy a hacer desde el amor incondicional, para que puedas experimentar lo que es el perdón, lo que es aceptarme, lo que es olvidar el rencor. Y luego nos abrazaremos de nuevo. ¿Aceptas la propuesta?

—¡Claro que sí, hermano!

Y os fundís en un abrazo. Luego olvidáis que hicisteis ese pacto y os lanzáis a vivir la aventura de la vida. Cuando llega el momento, se presenta la prueba, y puede ser que aprendas la lección y obtengas una alta evolución. Si no es el caso, volverás a recibir esa lección, en circunstancias más o menos distintas, hasta que la aprendas.

Otro factor indicativo de que aún no has aprendido la lección tal vez sea que no puedas evitar la presencia de esa persona que te resulta molesta o que te hace la vida imposible. Cuando la aceptes y la perdones, habrás integrado una lección evolutiva, y esa persona desaparecerá de tu vida. Si esto último no es posible, quizá porque se trata de un familiar a quien ves a diario, puedes hacer algo para mejorar vuestra relación y que vuestra convivencia sea más armoniosa. Cuando saludes a esa persona por la mañana, al darle el beso de buenos días, piensa solamente, poniendo tu corazón en ello: «Compréndeme. Yo te amo». Así se irá estableciendo entre vosotros una conexión de alma a alma. Poco a poco, esa persona se irá reblandeciendo en tu presencia.

Apegos y aversiones
Cuando muere alguien cercano

Los apegos a las personas son uno de los lastres más pesados que podemos llevar, uno de los principales factores de bloqueo. Esto tiene un componente adicional en el caso de que haya muerto un ser muy querido, ya que puede ser que lo retengamos en este plano con nuestro dolor y nuestro anhelo, de modo que no pueda ir a su destino. Esto nunca es positivo, pues, como he mencionado anteriormente, las almas que no pueden elevarse contribuyen a la infección multidimensional que padecemos como humanidad; en ocasiones pueden ser incluso la causa de enfermedades graves.

Cuando una persona sufre constantemente la pérdida de otra, de modo que no puede parar de llorar y la siente cerca, esto es indicativo de que esa alma no se ha ido. Si te encuentras en esta situación, es recomendable que recibas un *reset* (limpieza multidimensional que puede realizar un alumno formado en la técnica zen que cuente con el cien por cien de capacidad), lo cual facilitará que el alma de tu ser querido siga su camino y vaya directamente a su destino. Ten la certeza de que ese fallecimiento estaba en el programa de esa alma. Era su momento, tenía que irse, por más inopinada que haya sido esa muerte o por más injusta que parezca. En el libro *Conexión con el alma* explico todo lo que sería conveniente hacer cuando fallece un ser querido.

Cuando se acaba la relación de pareja

En la era de los divorcios en la que estamos, es muy frecuente pasar por el dolor de una separación o una ruptura. Si estás atravesando por este trance, te hago una invitación provocadora: ¡celébralo! El final de una pareja constituye una liberación, realmente. Uno se regala libertad, y esto merece una celebración. Aunque no lo parezca en el momento, una ruptura sentimental es un regalo. Tenías un preacuerdo con esa alma con el fin de resolver ciertos asuntos kármicos; una vez saldada la deuda, puede ser que la relación se acabe, tanto si llevabais juntos tres meses como si llevabais conviviendo tres años, o treinta.

A partir de la ruptura, podéis ser amigos y trabajar juntos desde el amor incondicional, en lugar de hacerlo desde el amor sentimental, para seguir evolucionando y actuar en beneficio de los demás. Para llegar a este punto, no te quedes lamentándote por lo que podría haber sido. Simplemente, dale las gracias a tu expareja, y deséale esto: «Si otra persona puede hacerte más feliz que yo, seré feliz por tu felicidad». El amor incondicional deja libre al otro y nos libera a nosotros.

Puede costar un poco llegar ahí, porque la rutina, los sentimientos y los recuerdos están presentes, queramos o no. Pero si sabes llevar la separación sin experimentar resentimientos ni ningún otro tipo de emoción negativa, ¡prueba superada! Y prepárate, porque puede ser que una pareja mejor esté en camino.

Cuando no estamos a gusto con los demás

Si no te gustan las relaciones que tienes en general, puede ser que estés cambiando y que tu entorno no lo haga al mismo ritmo. En este caso, en lugar de señalar y juzgar a los demás, te recomiendo que de vez en cuando te separes de la gente y practiques el recogimiento, que vayas hacia dentro. Ve observando las circunstancias de tu vida y cómo te sientes con respecto a ellas. Y estate dispuesto a efectuar cambios. Si tu relación con alguien es mala, no la mantengas porque sientas que es tu obligación quedarte, aguantar y sufrir para aprender la lección kármica de turno. No te quedes para que te tiren piedras. Pero tampoco tienes que salir corriendo cada vez que te encuentres con un conflicto, pues, a veces, esos conflictos que nos sacan de la zona de confort constituyen oportunidades de autoconocimiento, crecimiento y evolución. La fórmula es: toma, conscientemente, decisiones que te aporten paz. Ello incluye alejarte de todo aquello que te haga bajar la vibración; en el ámbito de las relaciones, evita las personas muy egoicas, chismosas o coléricas.

Cuando «nos hacen saltar»

Cada uno tiene su detonador: esa persona que nos puede, que nos hace reaccionar, que nos hace enrabiar, que saca lo peor de nosotros (nuestro monstruo, el demonio que llevamos dentro). Luego nos sentimos fatal por no haber podido controlarnos. Esta persona es nuestro maestro: nos hace ver que estamos en modo ego, en modo reactivo, y que tenemos algo que aprender.

A veces nos sentimos muy mal por nuestra reacción, y otras no tanto. En ocasiones exteriorizar esa rabia tan humana supone una liberación, pero de cualquier modo somos conscientes de que no nos hemos comportado correctamente. ¿Qué podemos hacer en estos casos? Es muy sencillo: inmediatamente, intentar reparar el daño con una actitud humilde y con actos de amor. Pidamos perdón al otro y reflexionemos. La alternativa es que nos apresuremos a realizar algún acto de caridad (como veremos más adelante, la caridad es un gran recurso desbloqueador).

Pagos kármicos
La cuenta kármica

Una persona más evolucionada tiene la capacidad de pagar sus deudas kármicas más rápidamente. También recibe antes el retorno de sus deslices concienciales.

Podemos comparar la cuenta kármica con una cuenta bancaria: si el saldo es negativo pero vas añadiendo cantidades, tenderás a equilibrarlo. En el ámbito espiritual, si tienes deudas kármicas, cuantos más méritos acumules, más las irás saldando sobre la marcha. Si tu cuenta está bastante equilibrada y tienes un mal momento (una mala actuación hacia otra persona, un juicio, una reacción airada...), enseguida recibirás la bofetada de vuelta, porque, por tu evolución, corresponderá que tu acción reciba una respuesta inmediata. Y al contrario: cuanto menos evolucionada esté una persona, más tardará en recibirla. Esto hará que no le resulte tan fácil relacionar la acción que cometió con la reacción que obtuvo. ¡Por eso resulta tan difícil alcanzar el primer despertar, porque uno no se da cuenta de las consecuencias que tienen realmente sus actos!

Así que ya sabes: procura que el saldo de tu cuenta kármica sea positivo. Para ello, acepta, perdona y olvida las ofensas.

No juzgues ni critiques a los demás (¡esto último es todo un reto en la sociedad en la que vivimos!). Y haz muchos actos de amor y de caridad. Sí, tendrás que irte dando toques a ti mismo, constantemente. Todo estará bien si tomas conciencia de tus errores y deslices, aprendes de ellos y procuras enmendarlos.

Formas de pagar

En Oriente dicen que los accidentes u otros episodios desafortunados pueden llegar en cualquier momento, a veces uno tras otro, dando lugar a una verdadera mala racha. En cambio, los momentos felices muy raras veces se suceden de esta manera. De este modo la gente puede comprender y asumir que la vida en general es dura y difícil, aceptar las circunstancias tal como se presentan sin perder la calma y cultivar una convivencia correcta con los demás; puesto que uno mismo ha tenido experiencias de escasez o sufrimiento, le resulta más fácil ayudar a sus semejantes cuando se hallan en dificultades.

Si hay deudas kármicas, una de las formas más suaves en que el universo equilibra el saldo es a través de un problema económico. Si te ocurre esto, ten una actitud consciente, reflexiona. Por ejemplo, imagina que te atracan por la calle y te roban una cantidad de dinero importante. Lo mejor que puedes hacer es ir a casa y llevar a cabo una introspección. Ese robo ha sido un toque de atención, así que pregúntate qué necesitas corregir en tu vida y qué puedes hacer para mejorar como persona. Busca oportunidades y aprovecha las que se presenten; por ejemplo, adopta un cambio de actitud hacia los necesitados. Tu reflexión puede llevarte a hacer actos de amor y a cambiar la trayectoria de tu evolución.

Siempre es mejor pagar perdiendo algo material en lugar de que uno mismo, o algún familiar, enferme o sufra un accidente. Si lo entiendes así, te sentirás feliz por lo ocurrido. Si aceptas la experiencia y no te lamentas y te enfadas, ya has superado la mitad de la prueba; has transmutado la energía. A continuación, cambia lo que tengas que cambiar y comprende que a partir de ese momento las cosas os van a ir mejor, a ti y a tus familiares: puede ser que gocéis todos de buena salud o que alguno de vosotros se recupere de una enfermedad; o, si alguno tiene que sufrir un accidente, será menos grave y tendrá menos repercusiones.

El sentido de la caridad

La caridad es una «moneda kármica» muy potente. Cuantos más actos de amor y caridad hacemos, antes saldamos nuestras deudas kármicas. La caridad es una forma de pago mucho más suave que su alternativa: el sufrimiento.

Si en un momento dado perjudicas a alguien en algún sentido, apresúrate a hacer caridad, para que no tengas que recibir una bofetada física, o una racha de mala suerte, o un robo, o un ataque... Por ejemplo, haz limpieza de tu armario ropero y otros espacios de tu casa y entrega eso con amor.

¿O tal vez tienes ya la mala racha encima? ¿Olvidaste hacer caridad? Las religiones nos dicen que hagamos caridad cuando seamos víctimas de la mala suerte, de desgracias, de enfermedades... De entrada, puede parecer que se trate de una filosofía de vida, pero es más que eso; es algo muy significativo desde el punto de vista espiritual. Para empezar, te aporta paz, te hace sentir mejor; pero a un nivel más profundo, es un reajuste de cuentas. Además, el hecho de desapegarte y entregar desde el amor ocasiona un aumento de tu vibración, lo cual conlleva una más alta evolución para ti. Tu acto de caridad adquiere mayor significación si lo que entregas es algo tuyo, personal, pues indica que estás compartiendo algo de tu propia vida con los demás. De ese modo, se genera una vibración más alta en tu vida e incluso en la de tus allegados, y esto implica que las cosas os irán mejor.

Hay muchas personas que se preocupan exclusivamente por su propia vida, sus pertenencias, sus posesiones materiales; solo piensan en sí mismas y en su familia inmediata, y no les importa nadie más en este mundo. Pues bien, quienes tienen mucho apego a lo que han acumulado en esta vida, de modo que viven con el temor a perderlo, pueden ser los primeros en recibir una lección drástica de desapego por medio de los eventos de tipo catastrófico que pueden acontecer en el planeta. Así pues, se trata de compartir con los desafortunados. Cabe preguntarnos: ¿quién es el más rico? ¿El que más tiene o el que más da, sin esperar nada a cambio?

En lugar de pasar de largo ante los mendigos, y además de lo que puedas aportarles, siéntate y charla con ellos. Son personas que a veces han tenido buenas profesiones, pero que por circunstancias de la vida se encuentran en esa situación. O tal vez sean individuos bastante especiales. Por ejemplo, Neale Donald Walsch o Eckhart Tolle llegaron al extremo de vivir en la calle. Tolle nos explica que estuvo sentado en los bancos de los parques durante casi dos años, mirando pasar a la gente, observando la realidad... ¿Adónde los llevó esa experiencia? Hoy día son grandes oradores espirituales.

No juzgues a las personas que están en la calle. Nos dan la oportunidad de que seamos mejores versiones de quienes somos realmente, al olvidarnos de nosotros mismos y practicar la generosidad. Cuando vivía en Barcelona, iba con mi hija a una plaza donde había un comedor social, de modo que se reunían ahí varias personas sin hogar. A veces les llevábamos comida, a veces dinero, a veces ropa. Vivimos escenas entrañables. Recuerdo que un amigo mío, que era informático en aquel entonces, quería tirar su chaqueta de cuero negra y comprarse una nueva. Pero le sugerí que me acompañara a ver a unos amigos míos que estaban en la calle, e hizo muy feliz a uno de ellos al regalarle la chaqueta. Dijo que no se la iba a quitar nunca, que incluso dormiría con ella. Y cuando nos estábamos yendo, le dijo a mi amigo:

—¡Espera un momento! ¿No tendrías una Harley-Davidson, por casualidad, que te sobre?

Ese toque de humor hizo que nos fuésemos de allí con una sensación de felicidad aún mayor.

Te sorprenderías con las historias que te pueden contar las personas sin techo. Las hay que gozaban de una buena posición social, hasta que un divorcio, una desgracia o alguna otra circunstancia hizo que se quedaran sin hogar. ¿Y si te ocurriera a ti? Vi una entrevista a un mendigo de Nueva York, que decía: «Me encuentro en la calle, pero ¡soy un ser humano! Y cuando pido ayuda es porque no me queda otra; no como si no pido alimento». Contaba que la gente a veces te desprecia, te escupe, mira hacia otro lado, y te sientes muy triste y te echas a llorar. Vale la pena que desechemos nuestra arrogancia, escuchemos a esas personas y las ayudemos.

La abundancia del compartir

La filosofía occidental es muy diferente de la oriental. Por ejemplo, en Occidente se mide el grado de felicidad contando la riqueza material; en cambio, en Oriente se contempla la felicidad a partir de la cantidad de hijos que se tienen. Por eso allí, en el momento de conocerse dos personas, siempre se preguntan: «¿Cuántos hijos tienes?». Más hijos es sinónimo de más felicidad, más suerte, más abundancia, más alegría, más amor... La estampa típica es estar rodeado de muchos niños, todos sonrientes. Este es el reflejo de una familia feliz, en la que conviven muchos miembros que comparten todo lo bueno y todo lo malo; trabajan juntos, se apoyan, se cuidan... En esta cultura, cuando una familia ya es pobre y padece además una pérdida económica o un robo, de modo que se queda sin nada, ¡sus miembros son felices igualmente!, porque aceptan la situación. Se tienen los unos a los otros, se acercan más, se aman más. Cuando se han quedado despojados de todo, solo les queda lo que realmente tienen, aquello que es lo más importante: el amor.

Igual que en Occidente, ¿verdad? Aquí, si una familia tiene un hijo o dos, los padres están deseando que se hagan mayores y se independicen cuanto antes. Y si tiene lugar cualquier descalabro económico, se instalan la depresión y la ansiedad en la familia.

Pregúntate dónde reside realmente la felicidad: ¿en la abundancia de lo material o en la abundancia del amor? ¿En el retener y acumular o en la capacidad de dar, recibir y compartir?

Traslademos esta reflexión al ámbito planetario. ¿No seremos más felices si nos concebimos todos como una gran familia? Si queremos tener una expansión de conciencia real, debemos contemplar que nuestra familia no son solamente aquellas personas con las que tenemos vínculos de sangre, sino que incluye a toda la humanidad. Con esta conciencia, ¡amémonos los unos a los otros! ¡Aceptemos, perdonemos y olvidemos! ¡Respetémonos y multipliquémonos! Esta es la verdadera felicidad.

El alcance de lo que estoy diciendo va más allá de lo que es nuestra vivencia como especie humana. Como veremos en el capítulo 5, la fraternidad entre los seres humanos favorece la fraternidad universal.

Así pues, es hora de que descorramos el velo de la ilusión que nos impide ver quién tenemos realmente delante: un verdadero hermano, una verdadera hermana. ¡Sonriámonos desde el alma! En lugar de ver nuestras diferencias, veamos lo que nos une y compartamos desde el corazón.

Realmente, se ven seres humanos muy robóticos por la calle. La forma en que caminan, en que miran, en que hablan... Como especie, estamos siendo cada vez menos humanos, y ya va siendo hora de que recuperemos nuestra humanidad. Volvamos a darnos besos y abrazos, a mirarnos a los ojos, a mantener conversaciones y a reírnos juntos, en lugar de estar ahí todos con la cabeza agachada mirando el móvil.

¡No te olvides de tu cuerpo!

Las personas verdaderas saben respetarse, amarse unas a otras y trabajar juntas en beneficio de la humanidad. Pero la primera muestra de respeto, aquella de la que derivarán correctamente todas las demás, la debemos tener hacia nuestro cuerpo físico. Realmente, es un regalo del universo (o de

Dios, o de la Creación), y cuidarnos a todos los niveles es la manera de agradecerlo.

Si estás en modo ego y reaccionas con tensión ante los conflictos de la vida, el sistema nervioso y el inmunitario acabarán por agotarse y colapsarse. Por lo tanto, pon en práctica las actitudes concienciales que se explican en este libro y, además, piensa siempre en positivo hacia tu cuerpo. Ten en cuenta que tus células escuchan los mensajes que les das, y si piensas que estás enfermando, que vas a tener un cáncer, que seguramente vas a ser un número más dentro de las estadísticas, ¿qué estás propiciando?

Lleva una alimentación sana y equilibrada. Haz ayunos de vez en cuando. Y procura vivir en un entorno limpio y armonioso. Evita permanecer sedentario en casa, bajo una luz artificial y enganchado a la tecnología, y sal a la naturaleza, a que te dé el sol, lo cual te aportará vibraciones positivas: camina descalzo sobre la hierba, pasea por la arena de la playa, anda por el bosque, haz deporte... Sal de la rutina diaria, márchate de vacaciones... Comparte con personas afines y juega con tus mascotas... En pocas palabras, ¡sé más humano!, pero con conciencia.

En el último capítulo encontrarás indicaciones más específicas relativas al cuidado del cuerpo.

La actitud hacia la Tierra

¿Sabías que todo el Pacífico está ya contaminado por la radiación, a raíz del accidente que hubo en la central nuclear de Fukushima? Lo explico con mayor detalle en el capítulo 8. Definitivamente, nuestra conciencia medioambiental tiene que cambiar. Debemos sentir que la Madre Tierra es un ser viviente y sensible y, a partir de ahí, bendecirla, amarla, respetarla, cuidarla y mimarla.

Estamos contribuyendo de muchas maneras al deterioro del planeta. Por ejemplo, lo hacemos siempre que consumimos productos a los que les han aplicado pesticidas, o cada vez que ponemos combustible en nuestro vehículo. Además, nuestro individualismo fomenta una mayor contaminación electromagnética: si ves un edificio con diez o veinte plantas, seguro que cada hogar tiene su wifi. ¡Qué locura! ¿No sería más lógico un solo wifi para todo el edificio en lugar de que cada vecino tenga el suyo?

Debemos tomar mayor conciencia y ver cómo podemos crear todos juntos el tipo de mundo en el que queremos vivir y dejar de apoyar a los políticos que están fomentando o permitiendo el deterioro del medio y de nuestras vidas. Es muy recomendable que busquemos la forma de ser más autosuficientes y que optemos por estilos de vida más comunitarios.

Capítulo 4

Saltar de la pecera

Formas de despertar

Imagina una pecera en la que están los siete mil quinientos millones de seres humanos que habitan nuestro planeta, todos dando vueltas (es decir, sujetos a sus creencias y a sus rutinas). Si tú despiertas y saltas de la pecera, entras en el océano y ves que hay un mundo inmenso ahí fuera, y te preguntas cómo no lo viste antes.

Debes saltar de la pecera sin pedir permiso a nadie. Porque si comentas tu intención, los otros pececitos te van a decir que no lo hagas, que hay muchos peligros en el exterior. No quieren que seas diferente de ellos.

El caso es que, armado de valor, saltas, y descubres que hay tanto por explorar en el océano... Tanta libertad... Entusiasmado, te propones avisar a los otros pececitos, y ¿cuál es su actitud? Niegan tu experiencia. Es lo más cómodo para ellos. Prefieren permanecer en lo conocido, aunque les duela, que arriesgarse con la novedad, sea mejor o peor. Al menos, ahí donde están tienen su vida «controlada». Y tú... te acabas de convertir en un factor incómodo. ¿Qué harán? Desprestigiar tu opción. Burlarse de ti.

Muchos pececitos ya saltaron y se encontraron con esto. Por ejemplo, Beethoven, Mozart o Velázquez eran diferentes del resto, y se burlaron de ellos en su día. Les ocurrió lo mismo a todos esos científicos que dijeron «locuras» que después resultaron ser verdades. Pues bien, ahora te toca a ti recibir las burlas. Y no te queda más remedio que permanecer ahí fuera solo, en el lado del saber, esperando que otros den el salto para tener algún colega con quien compartir tu dicha, tu locura, tu felicidad...

Finalmente, estando ahí sin compañía y sin nada que hacer, decides jugar a ser un pececito más, alguien «normal». De modo que regresas a la pecera y buscas la fórmula para despertar alguna inquietud en los demás. Buscas la manera de aportar algo sin destacar por ser diferente.

Y esta es la labor que estamos haciendo muchos en este planeta: jugar a ser uno más. Pero sabiendo algo más. Y finalmente, como «el roce hace el cariño», poco a poco la gente va despertando. Hay personas que necesitan muchos años para hacerlo, pues les cuesta vaciarse de todo lo que han acumulado en la mente, mientras que otras tienen un despertar repentino. Experimentan una felicidad y un gozo enormes cuando, de repente, se les cae la venda de los ojos y entran en un estado elevado de conciencia. También hay individuos que, aunque han despertado, oponen mucha resistencia a lo nuevo; a veces se vuelven a dormir. Y hay otros para los que el proceso es muy doloroso, un *shock*: de pronto, se les despierta la percepción multidimensional, de modo que empiezan a ver, escuchar y sentir cosas ajenas a la tercera dimensión. Su mente no puede con todo eso y necesitan ayuda y orientación —y sobre todo que los escuchen y los comprendan—. Finalmente, están las personas que nunca estuvieron dormidas, que siempre se han sentido diferentes. Estos individuos han intentado vivir como uno más, pero a la vez se han sentido muy solos e incomprendidos y siempre han anhelado tener a alguien con quien compartir su saber.

Con la bandera de la humildad

Muchos hicimos la promesa, antes de nacer, de venir a este mundo a amar y servir. ¿Tiene sentido que ahora nos quejemos por lo que nos encontramos? Cuanto más inconsciente sea el ser humano, cuanto más perdido se halle, cuanto más busque fuera de sí mismo, cuantas más peleas y guerras libre, más oportunidades tendremos de amar y servir. El desorden y el caos presentes en este mundo nos brindan la ocasión de seguir ofreciendo nuestro servicio con amor. Así pues, sirvamos alegremente, felices por poder hacerlo.

El auténtico servicio es inseparable de la humildad. ¿Qué más da lo que toque hacer en el momento? Recuerda siempre esto: no son importantes las circunstancias, sino cómo reaccionamos a ellas. Así pues, podemos encontrarnos como ayudantes en un equipo de fútbol (llevando agua a los jugadores), o limpiando establos, o lavando ropa sucia... ¿Qué más da?

No quieras convencer a nadie

Cuando una persona está en el ego, no puede escuchar; es incapaz de admitir que se le diga lo que debería hacer.

Aunque veas muy claramente en qué falla el otro, no intentes cambiarlo, pues no te puede escuchar si está en modo ego, aunque sea tu pareja, tu madre, tu padre o tu hermano. Por eso, solo podemos hacer una cosa: optar por el amor incondicional y abrir nuestro corazón. Si lo hacemos así, estaremos emanando una vibración que posibilitará que los corazones y las mentes de otros seres humanos puedan abrirse para recibir nuestro amor.

Solamente desde tu ejemplo, siendo amoroso, siendo quien tú eres, darás espacio al otro para que pueda rectificar y aprender de ti, verse inspirado por ti o abrir su corazón. Esto puede lograrse incluso con nuestros peores enemigos. Si vives en el amor y tu peor enemigo te pide ayuda, agarra su mano y estréchasela, incondicionalmente. La elección de vivir en el amor es la de estar y actuar aquí en la Tierra sin pedir nada a cambio.

Si estás despertando o ya has despertado, mantente humilde y respeta a quienes todavía estén en la ignorancia, viviendo su vida como han elegido hacerlo, porque no puedes forzar nada. Si fuerzas, bloqueas más la situación y causas un conflicto en tu propia mente, porque te encuentras con que no hay oídos que quieran escuchar lo que deseas transmitir. Así pues, respeta a los demás. Vive y deja vivir.

En una ocasión tuve un sueño muy vívido en relación con este tema. Estaba en una especie de escalera de caracol que se comportaba como un ascensor, pues hacía paradas en distintos planos dimensionales, como si fuesen diferentes pisos de un edificio. El piso o plano superior correspondía al paraíso; ahí, cada uno encontraba todo aquello que le ocasionaba deleite: sus deportes predilectos, sus lugares de vacaciones favoritos... Quienes estaban en aquel plano se hallaban en un estado de gozo, plenitud y serenidad. Por esa escalera-ascensor me encontré con una antigua compañera de la enseñanza, con quien ya no estaba en contacto. Bajó antes de tiempo y entró en un camino largo y oscuro. La llamé por su nombre y le dije varias veces, desde el amor, que no era por ahí, que se había equivocado, que debía bajar más arriba. Me miró por encima del hombro, con la mirada típica de quien piensa: «¿Y tú quién eres para decirme a mí lo que tengo que hacer? ¡Yo ya sé adónde voy!». De modo que decidió seguir por ese camino, hasta que acabó por descubrir que aparecía bloqueado por un muro. Solo entonces se dio cuenta de que no le quedaba más remedio que dar la vuelta, regresar y probar en otro piso.

Le conté este sueño a mi maestro en su día, y dijo:

—Es normal. Cuando una persona está en el ego, no escucha, no ve, pero sí tiene la boca muy grande. Entonces, ¿para qué intentar convencerla si no te va a hacer caso? Es una pérdida de tiempo y de energía. Permítele que cometa su error, que descubra su propia lección. Solo así tendrá humildad suficiente como para decir: «Me he equivocado; ¿me podrías mostrar lo que me querías enseñar antes?». En ese momento vas a ser humilde, vas a abrir los brazos, vas a tomarla de la mano y vas a respetar su voluntad de querer avanzar contigo o escucharte, aunque sea momentáneamente.

Nuestras palabras solo pueden entrar en quien esté abierto para recibirlas. De la misma manera, no podemos dar amor si la otra persona está cerrada; esa vibración no puede penetrar en ella. Resulta imposible ofrecer ayuda para que alguien sane su cuerpo, su mente y su espíritu si esa persona no tiene la voluntad y el deseo de que la ayuden. Así es como funciona el libre albedrío en este plano regido por la dualidad. A veces duele, porque ves que alguien va directo hacia su autodestrucción; pero esa persona recibirá sus lecciones, y solo estas le enseñarán humildad.

Respeta todas las creencias

Recuerda que el paraíso no es de nadie en exclusiva. No pertenece a ninguna religión, a ninguna doctrina. Dios tampoco se puede personalizar y no es propiedad de nadie. Recuerda que las religiones fueron una creación del ser humano. Si hay alguna que te aporte paz y te haga ser mejor persona, es buena para ti; pero si la misma religión no le da paz a otra persona, no es buena para ella. Y si una religión les quita valor a los seres humanos que no la profesan y afirma que su Dios es el único verdadero, esa no es una verdadera religión. Nadie tiene la posesión de toda la verdad, así que tu religión debe darte libertad a ti pero también debe dársela a quienes no la profesan; debe permitirles ser ellos mismos. Y, en última instancia, el amor ha de ser la religión de todos, la religión universal.

Las religiones o las doctrinas que creen que solo su Dios es el verdadero y que únicamente sus fieles pueden acceder al cielo padecen un gran bloqueo mental. Desde su punto de vista, ¿qué destino le espera a un ser humano que no profese ninguna religión? ¿O a esas personas que viven en partes del mundo donde no existen religiones como tales? Puesto que no tienen un Dios, ¿carecen de acceso al paraíso? Si pensamos que el ser humano, de una forma natural, siempre ha respetado a quien le ha creado, basta con que respete a su creador (y a los otros seres humanos) para ser merecedor del paraíso. Solo quienes respetan verdaderamente tienen el acceso al paraíso garantizado.

El sistema contraataca

A medida que las personas van despertando y que se va extendiendo la frecuencia del amor, la verdad se impone, de modo que todo lo que ha estado utilizando el sistema para manipularnos va saliendo a la luz. Un claro ejemplo de ello lo constituyen vacunas como la de la gripe A y otras; la gente ya no se cree que deba ponérselas para evitar ser víctima de falsas epidemias. De modo que quienes están en el poder se sienten nerviosos y desorientados.

Para no perder el control, los líderes mundiales no acuden solamente a estrategias de distracción, sino que también siembran el miedo. Lo que más teme el *establishment* es que una persona que esté anclada en su Ser diga su verdad. Frente a ello, se ocupa de suscitar miedo en la gente: «¡Cuidado con ese individuo! Seguro que es el jefe de una gran secta. ¡Vigila que no te atrape, que no te manipule!». El sistema se esfuerza por desacreditar a esa persona. Sin embargo, cuando alguien está despierto de verdad, le es indiferente lo que digan de él. Le da igual que lo insulten, que le pongan etiquetas, que intenten desacreditarlo. Porque al ser humano que vive en la vibración del amor no le asusta nada. Incluso está dispuesto a dar su vida para ayudar a sus hermanos. La mayor satisfacción de la persona despierta es que a través de su trabajo, de su servicio amoroso, otras personas puedan despertar.

Primero te ignoran, después se ríen de ti,
luego te atacan. Entonces ganas.

Mahatma Gandhi

El sistema «se cuela» en el mundillo espiritual

Una de las tácticas del sistema para intentar conservar el control es colarse en el mundillo espiritual. Quienes poseen el poder saben que el ser humano está deseoso y ansioso de amor, de modo que disponen de sus propios oradores para que seduzcan a las audiencias con una vibración de amor artificial; se trata de individuos que son manejados desde la cuarta dimensión para que influyan sobre la gente.

¿Te parece exagerado esto que estoy diciendo? Yo misma conocí a una persona que tenía un potencial enorme y que empezó a aportar informaciones, hasta que el sistema la quiso comprar. Le dijeron que querían que trabajase para ellos y que comunicase lo que ellos le indicarían. Le aseguraron que le arreglarían la vida, que contaría con riqueza y abundancia y que se convertiría en un líder espiritual. Por supuesto, no podría desvelar el origen de sus nuevas «enseñanzas». También le presentaron una lista con los nombres de unos diez individuos que gozan de bastante reconocimiento en el ámbito espiritual y le dijeron:

—Estas personas trabajan para nosotros.

Quedó impactado, porque no podía imaginar que algunos de esos nombres estuviesen en esa lista. Les dijo que no estaba dispuesto a vender su alma y trabajar para ellos, que no le atraía lo que estaban ofreciéndole. Ante eso, le amenazaron, y se retiró del escenario.

Esa persona aportó lo que tenía que aportar en su momento. Pero luego fue manipulada por ellos a nivel multidimensional y empezó a mostrar comportamientos que no tenían ninguna coherencia con los que había tenido anteriormente. En definitiva, se infectó, se pasó al otro lado y empezó a desacreditar a la gente que vive en la conciencia. Después, no supe más de ese individuo. Me limité a perdonarlo, olvidar y soltar.

Me gusta decir que la sabiduría consiste en saber lo que necesitamos saber en el momento en que necesitamos saberlo. Y por algún motivo debía de tener el conocimiento de que suceden estas cosas. De modo que apareció esa persona en mi camino y me dio la información. A veces ocurre: se presenta alguien en nuestra vida en un momento dado y nos aporta algo que nos va a resultar de alguna utilidad. Así pues, ¡tengamos los ojos y los oídos abiertos!

En el momento en que esa persona me aportó esos datos, se me pusieron los pelos de punta. Pensé: «¿Cómo puede ser que lleguen a tanto?». Pero luego me pareció muy lógico. En cualquier caso, mi trabajo no es señalar ni juzgar a nadie, ni hablar de determinados horrores que son obra de ciertos seres humanos y no tan humanos. Sencillamente, mi función es empoderar a los individuos, mostrarles el potencial que tienen de hacer el bien, de actuar correctamente en beneficio de la humanidad.

Si estamos al servicio desde el amor incondicional, nunca perdemos nada; solo podemos ganar. Ahora bien, nuestra fortaleza espiritual se ve amenazada cuando estamos rodeados por la negatividad, cuando se manifiesta a nuestro lado el polo opuesto que es la manipulación, la desinformación y la condena. En este caso, no debemos responder a la provocación. Tenemos ahí una oportunidad de ser la mejor versión de nosotros mismos por medio de no responder a las provocaciones, no defendernos, no justificar ni querer demostrar nada. Debemos limitarnos a seguir actuando desde el corazón y desde nuestra tranquilidad de conciencia, contando con la absoluta certeza de que el tiempo mostrará qué es lo correcto y quién es una persona verdadera. Evitemos condenar a nadie. Aquel que tiene malos comportamientos está haciendo lo que ha acordado hacer, lo que está en su programa; y en cualquier momento puede pasar al otro lado: puede dejar de estar en sintonía con esa versión de su vida y, a partir de ahí, adquirir humildad y lucidez y tener otro tipo de conducta.

Hoy día en que hay maestros y oradores falsos además de los verdaderos, es imprescindible ejercer el discernimiento. Debemos despertar para saber cuál es la realidad de lo que tenemos delante. Si no cuentas con la capacidad de discernir desde tu verdadero yo, eres susceptible a que te regalen los oídos diciéndote, por ejemplo, que eres la reencarnación de algún personaje maravilloso, lo cual hará que te sientas importante. Al ego le encanta que lo halaguen y lo adoren, y es una trampa en la que es fácil caer si no se está anclado en el amor incondicional. Necesitamos ejercer el poder del discernimiento para llegar a ser libres y continuar siéndolo. Debemos mirar a los demás a los ojos y escucharlos desde la sede de nuestra alma para no dejarnos engañar.

Las guerras como factor de control

Quienes dirigen el sistema saben que si el colectivo humano despierta a tiempo, le daremos la vuelta al statu quo y viviremos según la magnificencia de quienes somos realmente. Esto supondría el fin de su poder sobre nosotros; ya no podrían seguir manejándonos como a un rebaño. Por eso su estrategia en estos momentos es provocar miedo, con el fin de que nos rindamos a sus pies y gritemos: «¡Sálvennos!». Puesto que siete mil quinientos millones de personas no es una cantidad fácil de controlar, los conflictos bélicos son un buen recurso para generar un mayor miedo. Si provocan una guerra en la que se empleen armas biológicas, con el objetivo de generar grandes epidemias víricas, será mucho más factible que el colectivo se ofrezca a ser controlado para lograr la salvación. Entonces será fácil que la gente alargue su mano para que le inserten un microchip en ella, o que estire el brazo para que le pongan una inyección.

Y ¿qué es lo opuesto al miedo con el que pretenden tenernos controlados? El amor incondicional. Este es nuestro escudo, nuestra protección y nuestra mejor «arma». Así pues, neguémonos a aceptar la vibración del miedo. Que nuestro impulso sea la alegría de descubrir quiénes somos realmente. En el proceso se irán destapando todas las verdades, sin necesidad de que respondamos a la provocación: ocurre sencillamente que, a medida que nos vayamos empoderando, ellos irán perdiendo poder y capacidad de control.

Capítulo 5

Tan solos, tan acompañados

Permanecer en el amor en este mundo es, a veces, una experiencia retadora. Puede ser que nos creamos diferentes del común de los mortales y que ello nos lleve a sentirnos solos e incomprendidos. Pedimos que nuestra carga sea más ligera y en ocasiones desearíamos incluso abandonar totalmente... pero contrajimos un compromiso. Si contamos con la seguridad de que recibimos asistencia, todo es mucho más llevadero para nosotros.

De hecho, el ser humano no está ni ha estado nunca solo. Contamos, siempre, con nuestros hermanos cósmicos y con ayudas multidimensionales. Esto se debe al importante papel del ser humano para el conjunto de la evolución cósmica.

La Tierra, un lugar de encuentro universal

Debes saber que los humanos estamos aquí en la Tierra como representantes de distintas familias cósmicas. Esto convierte nuestro planeta en un lugar de alta evolución. El hecho de que hayamos necesitado vivir ochocientos millones de vidas antes de cualificarnos para estar aquí como personas nos da una idea de lo significativa que es la experiencia humana.

Las distintas razas humanas están aquí en nombre de diferentes razas extraterrestres procedentes de varias galaxias. Esto quiere decir que si aquí abajo logramos la paz entre todos, si los representantes de las diversas razas pactan la paz, se conseguirá una mayor paz en el universo y, así, llevaremos la evolución a una mayor escala.

Así pues, la aspiración que tenemos los humanos de vivir en paz sirve a un propósito mayor. Debemos mirar más allá de nuestro propio ombligo y despertar a la realidad de que no estamos solos aquí ni lo estamos ahí fuera. Y disponemos de una oportunidad maravillosa de impulsar la evolución del multiverso en el que habitamos.

La Tierra es un punto minúsculo en el cosmos; sin embargo, aquí acuden seres de distintas partes del universo que buscan vivir el destino para el que está cualificado el ser humano: habitar en el paraíso en el que reina la felicidad perfecta. Ello hace que despertemos mucha curiosidad entre las distintas razas extraterrestres e intraterrestres. Tenemos unas características impresionantes por nuestra alta evolución, pero estamos lastrados por nuestra codificación, por nuestra amnesia total, por nuestra ignorancia sobre quiénes somos realmente. Cuando lleguemos a saber quiénes somos, cambiaremos el mundo, el universo y el multiverso. Hacia ahí vamos, pero debemos empezar desde la base.

Volviendo al tema de quiénes somos en relación con los hermanos y los primos cósmicos, si yo represento a una familia cósmica y hago las paces con el líder de otra familia cósmica, nuestras razas respectivas cambiarán bajo la influencia de nuestro liderazgo. El pacto que hacemos aquí en la Tierra tiene un «efecto mariposa» en el cosmos: la paz de la que pasan a gozar esas dos familias en nuestro planeta es un «suave aleteo» que acaba siendo un huracán ahí arriba.

¿Y si no somos, concretamente, los líderes de ninguna raza? A alguna pertenecemos, de todos modos. Y nuestra labor conciencial puede contribuir a que dichos líderes abran su corazón, su mente y su conciencia, de modo que se muestren, por fin, favorables a la paz. En cualquier caso, no hace falta que estemos en posiciones de liderazgo para que nos constituyamos en representantes de una raza. Los pensamientos, las palabras y los actos de todos nosotros tienen un impacto enorme ahí fuera, en el universo.

El potencial del ser humano

El ser humano no destaca en el cosmos por su mente física, ni tampoco por su tecnología; todo lo contrario, es ampliamente superado por numerosas razas extraterrestres. Su mayor potencial viene dado por su altísima capacidad espiritual. Y es que el ser humano tiene un cuerpo mental maravilloso. También se conoce como alma, y es su parte inmortal la que encarna una y otra vez a lo largo de las distintas vidas físicas. Con el cuerpo mental, el ser humano tiene la capacidad de viajar sin límites por el tiempo y el espacio. Podría hacerlo a voluntad si tuviese la conciencia, pero como no la tiene, lo hace en sueños, y de ese modo visita distintos lugares del universo. Tenemos el potencial de hacer lo mismo conscientemente; cuando nuestro cuerpo físico está dormido, somos capaces de utilizar el cuerpo mental con muchas finalidades:

buscar respuestas a nuestras preguntas, viajar, conocernos a nosotros mismos en otros planos, interactuar con nuestros hermanos cósmicos, conocer otros universos... Si el ser humano fuese consciente de su increíble capacidad, actuaría como un dios.

Pues bien, asombrosos seres extraterrestres que cuentan con una tecnología que nos dejaría boquiabiertos no tienen esta capacidad. No poseen el cuerpo mental que nos capacita para viajar sin límites, por lo que nos observan y estudian desde otros lugares del universo y del multiverso con el objeto de incorporar esta capacidad, la cual permite una alta evolución. Entre ellos los hay que, en su ambición por adquirir este don, llegan hasta nuestro planeta y realizan abducciones: se llevan animales y a seres humanos y los analizan y experimentan con ellos, en busca de ese «motor» que nos propulsa sin limitaciones a través del universo.

Estos hermanos y primos cósmicos ven que viajamos por un camino en el espacio con el cuerpo mental. Ese camino conduce a un lugar que nos pertenece como humanos, el denominado paraíso. Las personas que tienen una alta capacidad saben ir y volver de ahí conscientemente. Nuestros hermanos cósmicos intentan seguirnos hasta ese lugar, pero inevitablemente, a pesar de su alta tecnología, nos pierden de vista. Así que no se cansan de observarnos.

Cómo nos ven los extraterrestres

A la vez que admiran nuestra capacidad, los hermanos cósmicos se quedan maravillados con nosotros. Ven que el ser humano, cuando está dormido o en meditación profunda, viaja por el universo, y que cuando regresa al cuerpo no sabe dónde ha estado ni lo que ha hecho, ni cuestiona la posible realidad del sueño que acaba de tener. Y, más en general, no sabe quién es ni la capacidad y el potencial que tiene como ser espiritual muy evolucionado. No entienden cómo puede ser tan increíblemente torpe e ignorante a la vez que, desde su mente y su ego, cree que es el mejor. Se ríen, como diciendo: «¡Si supiesen la enorme capacidad que tienen y lo que podrían hacer todos, si además estuviesen unidos!». Y sacuden la cabeza cuando ven que creamos guerras y que nos peleamos por parcelas de tierra cuando el planeta es de todos... Y cuando ven la percepción que tenemos de ellos como seres que van a atacarnos con armas desde sus naves... Sí, les sorprende nuestra psique. Y les sorprende el hecho de que nos empeñemos en seguir contaminando el medio ambiente, entre otras muchas locuras que cometemos.

Esta percepción la recoge bien la película *El planeta libre* (*La belle verte*), exoplaneta ficticio en el que se piden voluntarios, entre sus habitantes, para ir a la Tierra. Todos bajan la cabeza, como diciendo: «¡A mí no me mandan ahí!».

Hace unos años soñé que había un balcón en el cielo, en el cual estaban asomados nuestros hermanos cósmicos, que aplaudían todos nuestros logros y avances. Ellos nos animan, y cuando no vemos las evidencias y nos equivocamos, suspiran como diciendo: «Ya lo captarán». ¡Tienen una gran paciencia! No nos juzgan ni critican, sino que nos animan en todo momento. Nos observan de la misma manera en que nosotros vigilamos a un niño que está empezando a caminar: tropieza, se levanta y se cae, pero no dejamos de animarlo.

En el proceso que estamos siguiendo como especie humana, vamos recibiendo avisos. Si no captamos uno, nos mandan otro. Y otro, y otro... Pero nosotros preferimos no darnos por enterados y atribuir a la casualidad lo que sea que ocurra.

Por ejemplo, a escala global, el planeta nos avisa de que no estamos llevando bien nuestra convivencia con él: tsunamis, terremotos, inundaciones... Y a escala individual estamos muy bien acompañados, a causa del importante papel que tiene la humanidad en el conjunto de la evolución cósmica. Es sobre todo cuando decidimos estar al servicio desde el amor incondicional cuando recibimos las ayudas más evidentes, unas ayudas que llegan a un punto en que no podemos seguir atribuyéndolas a la casualidad. Y nuestros hermanos cósmicos, que son capaces de desplazarse multidimensionalmente, tienen mucho que ver con la asistencia y la orientación que recibimos.

Para llevar esto a un terreno más concreto, va siendo hora de que comparta algo de mi propia historia (encontrarás muchos más detalles sobre aspectos de mi vida en mi libro *Conexión con el alma*).

La promesa

Nací y crecí en un pueblo del norte de Irlanda de veinte mil habitantes, aunque nunca sentí que perteneciese a ese lugar realmente. Ya desde pequeña experimenté una especie de nostalgia de mi familia cósmica. También tenía el anhelo de ver mundo, de salir de mi pequeño país. Con este fin, estudié lenguas modernas en la universidad. Llegó el momento en que me concedí un año sabático y me propuse ir a España. Estaba totalmente entusiasmada, iba a hacer realidad un sueño, cuando me cayó encima un jarro de agua fría: me diagnosticaron un cáncer en estado avanzado.

Los médicos me dijeron que debía pasar por su protocolo para intentar curarme. Ese protocolo incluía extirparme algunas glándulas, lo cual iba a implicar que tendría dificultades para mantener relaciones sexuales. También sería difícil que pudiese quedarme embarazada y, si lo lograba, tendría problemas para dar a luz. Total: ¡me estaban arrebatando toda mi feminidad de un plumazo! Pensé: «O me hago monja o paso de los médicos». Les pregunté qué probabilidades tenía de salir adelante si no me ceñía a sus protocolos, y me respondieron que el uno por ciento. Como no estaba dispuesta a renunciar a mis sueños, pensé: «¿Una de cada cien lo consigue? ¡Bien!, yo soy esa». Me aferré a ese uno por ciento como a un clavo ardiendo.

Firmé un papel delante de un médico por el que renunciaba a seguir el protocolo y me dispuse a ir a España. Pero antes decidí sacarle partido a la educación católica que había recibido. Después de tantos años de ir a la iglesia y de hacer lo que se me indicaba, creí que merecía que el cielo me escuchase. De modo que levanté la mirada y dije:

—¡Perdón! Si realmente hay alguien ahí arriba, prometo que si me curo dedicaré mi vida a dar esperanza a los demás, a los que puedan encontrarse en una situación como la mía.

¡Resulta que alguien tomó nota! y dijo:

—¡Oído cocina! ¡Un milagro para la Powell! ¡Ha hecho una promesa!

Más adelante descubrí que una promesa son palabras sagradas; que aquello que uno dice que hará, más vale que lo haga.

De modo que me fui a España. Puesto que había hecho esa petición, se presentó una persona en mi camino que se ofreció a darme pautas para ayudarme en la alimentación. Me fui abriendo a sus consejos, porque enseguida vi cambios: el asma que sufría desapareció, mis trastornos digestivos menguaron y mi estado físico experimentó una mejora general. Empecé a tener ganas de moverme más y hacer deporte, así que me dediqué a correr y me apunté a un gimnasio.

¿Te das cuenta de cómo en ocasiones aparece gente en tu vida que es muy significativa para lo que quieres hacer? Incluso, a veces, no sabes para qué han aparecido, pero acabas descubriéndolo más tarde. Todos nacemos con un plan de vida y nos vamos encontrando con personas que nos van encaminando, algunas en contextos más «normales», más «humanos», y otras en circunstancias realmente extrañas. Si tienes muy claro hacia dónde vas, observa las maravillosas sincronías que te van conduciendo hacia la materialización de tu sueño; y si aún desconoces cuál es tu camino, o quién eres, déjate guiar. Yo había hecho una promesa y esa pasó a ser mi misión, pero no tenía ni idea de cómo manifestarla, así que iban surgiendo personas que me iban encaminando; y si me desviaba un poco, aparecía alguien que me «daba una colleja» que me permitía volver a la senda. Siempre me he sentido una consentida del universo, una privilegiada, porque incluso antes de descubrir quién era ya me llevaban entre algodones para que pudiera cumplir con lo que había venido a hacer. Sin duda, tú vas a experimentar lo mismo si eliges ponerte del lado del amor incondicional.

Un encuentro impactante

En mi camino han aparecido muchas de estas personas especiales, a veces tanto que más bien debería considerarlas ángeles o mensajeros. Un encuentro que me marcó especialmente tuvo lugar un domingo por la mañana, hace muchos años. Era muy temprano y me encontraba delante del portal de casa dispuesta a partir para dar una conferencia en un hotel. Iba muy bien vestida, con un traje azul, y llevaba un maletín; parecía toda una ejecutiva. Pero no podía ir más allá del portal porque estaba diluviando. Pensé qué podía hacer cuando de pronto, surgido de la nada, apareció, viniendo en sentido contrario, una moto grande, brillante, negra; el motorista iba vestido de cuero negro y llevaba un casco brillante con visera. Subió encima de la acera delante de mí, se levantó la visera y me preguntó:

—¿Necesita un taxi, señora?

Le dije que sí y prosiguió su camino, a contrasentido, hasta llegar a la esquina, donde se detuvo; y de pronto apareció un taxi, que se paró delante de mí. El taxista bajó la ventanilla y exclamó:

—¡Taxi!

Al disponerme a entrar, el motorista se levantó la visera, me lanzó un beso y partió. ¡La verdad, me supo mal que se fuera! El caso es que entré en el coche y el taxista me dijo:

—Buenos días, princesa atlante.

¡Un saludo muy significativo, puesto que realmente estuve en la Atlántida! Tuvimos una conversación de lo más entrañable en ese viaje. Por la noche llamé a mi maestro, que estaba en Francia, y le conté lo que me había sucedido por la mañana. Me dijo:

—Todavía tienes que entender cómo funcionan vuestros ayudantes multidimensionales.

¡Ojalá hubiese sabido antes que se trataba de seres venidos de otras dimensiones!; habría tenido una charla con ellos del estilo «¿de qué planeta vienes?».

Empieza a pensar en esos encuentros que tienes con personas mágicas que aparecen y desaparecen. Hacen un servicio, un acto de amor; te atienden, te sonríen, te ayudan, te dan un mensaje, te guiñan el ojo... A veces, lo único que hacen es mirarte fijamente. Por ejemplo, puede ser que estés en un vagón de metro en el que haya treinta, cuarenta o cien personas y, entre ellas, ves un señor mayor, o una anciana, o un vagabundo que se te queda mirando como si te conociera de toda la vida. Y es que nos vamos cruzando y encontrando con nuestros hermanos cósmicos, que vienen a compartir con nosotros, a recordarnos algo o a guiñarnos el ojo de vez en cuando, para que sepamos que no estamos solos. Para ello, cuando es necesario, toman un cuerpo físico. Y desaparecen de golpe. Muchas veces me he encontrado con esa situación: cuando he querido devolver la mirada por segunda vez a esa persona que me estaba mirando como si fuese una vieja conocida, ya no estaba ahí, inexplicablemente. ¿Te ha sucedido alguna vez? Seguro que sí. Pero nadie comenta estas cosas, porque nadie quiere ser diferente; todo el mundo tiene miedo al «qué dirán».

¡ATENCIÓN A LAS SEÑALES!

Tal vez no todo el mundo ha tenido o va a tener encuentros tan impactantes como algunos que se describen en este capítulo, pero hay algo que podemos disfrutar todos: las señales y sincronías que se presentan en nuestro camino. No existe la casualidad. Estas «sincronías» son mensajes espirituales; yo las llamo *coordenadas*. Cada uno pertenece a una familia cósmica y, en función de esto, hay distintos tipos de señales que resuenan con nosotros. Encontramos números repetidos por todas partes (2222), o capicúas (1221), o números consecutivos (2233)... Cada vez que veas una señal que resuene contigo, no te limites a pensar en ella como en una curiosidad. En lugar de ello, examina qué estabas pensando, diciendo o sintiendo en el momento en que apareció la señal. A menudo es nuestro propio Ser el que acude a estas «coincidencias» para sacudirnos un poco con el fin de que prestemos más atención y nos volvamos más sensibles a la información que se encuentra en nuestra cabeza. ¿Alguna vez has tenido el impulso de tomar un libro y abrirlo por una determinada página, en la que has encontrado algo muy significativo para ti en ese momento? Este tipo de impulso viene de tu Ser, pero no le harás caso si no te vuelves más sensible a sus llamadas. También hay señales que pueden proceder de nuestros hermanos cósmicos, quienes están buscando continuamente la manera de comunicarse con nosotros. Necesitan a seres humanos despiertos, conectados, a quienes poder dar instrucciones en el caso de que ocurriese un gran acontecimiento planetario. En cualquiera de los casos, las señales tienen por objetivo que estemos más presentes y atentos, que salgamos del estado de dispersión que es tan habitual entre nosotros.

En un sentido más amplio, podemos considerar que toda nuestra vida es una «señal» inmensa. Tenemos que buscar siempre la magia en todo porque nada es accidental, nada es casual. Aunque estemos viviendo una situación que nos parezca caótica, no debemos olvidar que tiene un porqué, un sentido. Cuando las cosas no salen como nos gustaría o como creemos que deberían salir, pongámonos en modo «GPS humano» y «recalculemos» para encontrar la salida, en lugar de protestar o quejarnos. Al final acabaremos por saber cuál era el sentido de todo ello. (Si quieres profundizar en el tema de las señales, te remito a mi libro *Atrévete a ser tu maestro*).

Contactos

Algunos alumnos de la enseñanza zen han tenido el privilegio de vivir unas experiencias muy especiales. Quiero recordar especialmente el caso de la doctora Beisblany Maarlem. Tomó un avión en Brasil con destino a Portugal, para acabar yendo a Sevilla a realizar el curso zen. Estando a bordo, preguntó si estaba haciendo lo correcto, con el resultado de que un extraterrestre estableció contacto con ella y le dio una serie de informaciones. Cuando hizo el curso, despertó: se le activaron todos los sistemas sutiles, incluido el tercer ojo, y tuvo una conexión cósmica con hermanos que habitan en otras dimensiones. Y se atrevió a contarlo todo, sin miedo a las consecuencias. Gracias a ello, su vida cambió, así como la vida de muchos otros médicos.

Es necesario que ocurran este tipo de experiencias, porque hay que sacudir el sistema, y esto incluye el ámbito de la medicina. Debemos abrir nuestras mentes y unirnos, integrar informaciones, capacidades y enseñanzas, en lugar de seguir con el paradigma de «ellos contra nosotros». Y la experiencia de Beisblany, que tuvo lugar en mayo de 2015, ha constituido una clara muestra de que nuestros hermanos cósmicos están aquí, vigilantes y prestos a asistirnos.

Vamos a ir teniendo más evidencias de su presencia. De hecho, cada vez hay más avistamientos de ovnis y se oyen más sonidos raros, inexplicables. Y hay personas que cuentan que han soñado que estaban con los extraterrestres, o que les dieron una información, o que se subieron a una nave...

En una ocasión di una charla en Cuzco en la que saqué el tema de los hermanos cósmicos. Toda la primera fila del público estaba formada por personas indígenas. Cuando hube acabado, uno de ellos se acercó y me dijo:

—He entendido todo lo que has contado porque he tenido la experiencia. Bajó una nave espacial a mi terreno, situado muy arriba, en la montaña, bajaron dos seres y me explicaron lo mismo que acabas de exponer.

He escuchado otros testimonios de personas que han recibido este tipo de contactos. Te preguntarás si esto ha sucedido realmente. Por fortuna, dentro de nuestra enseñanza tenemos la manera de discernir y de comprobar la procedencia de la información que nos cuenta la gente.

Más allá de las limitaciones de la tercera dimensión

¿Qué puedes hacer para tener encuentros milagrosos o mágicos como los que he descrito, o para recibir ayuda por parte de seres que habitan en otra dimensión? No tienes que hacer nada, en realidad. De hecho, existe un preacuerdo entre tu alma y esos seres. Se presentan en el momento en que tú, en tu servicio, precisas de su servicio. Para ellos es fácil aparecer y desaparecer, porque no están sujetos a las limitaciones de tiempo y espacio de la tercera dimensión.

Tienen una gran capacidad de materializarse delante de nuestros ojos porque trabajan con distintas frecuencias. Desde el espacio en el que están tienen que bajar su vibración para manifestarse en tres dimensiones aquí, donde todo se mueve a otra frecuencia, a otra velocidad –precisamente esto es lo que nos hace tener la sensación de que las cosas son densas, físicas–. Una vez que han terminado su servicio, se van.

Incluso algunos humanos, aquí en la Tierra, saben aparecer y desaparecer. Por ejemplo, David Copperfield. Fui a ver un espectáculo suyo junto con mi maestro, quien me confirmó que este mago utiliza la multidimensionalidad en sus espectáculos; es un maestro del espacio-tiempo. Puede estar en un punto del auditorio y de repente aparecer montado en una moto en el extremo opuesto. También cuenta con la colaboración en el escenario de familiares suyos fallecidos.

Pues bien, si David Copperfield, como ser humano, puede hacer ese trabajo, nosotros, como seres humanos, también lo podemos hacer. El truco es cambiar la frecuencia: la elevamos, pasamos a pesar menos a escala molecular y desaparecemos ante los ojos de la gente. Dispongo de muchas fotos en las cuales estoy impartiendo el curso zen y se me ve sin piernas, o bien la parte superior de la foto sale toda blanca, o se ven personajes multidimensionales (cuya forma, cara y ojos son perfectamente reconocibles). A veces también se ven orbes.

Todo esto se debe al cambio de frecuencia; cuando la elevamos, el cuerpo se vuelve más liviano. Los dispositivos que usamos para filmar y tomar fotografías se basan en la velocidad de la luz, un fenómeno característico de la tercera dimensión; pero cuando trabajamos a nivel multidimensional, ya no vibramos únicamente en relación con la velocidad de la luz, sino en la multidimensionalidad. Estamos en varios planos a la vez; nuestra experiencia no se encuentra limitada por la que tiene el ser humano que solo se reconoce en la tercera dimensión.

Y ¿cuál es nuestra limitación a la hora de poder cambiar de frecuencia? ¡La mente, que no cree que sea posible! Así que tenemos que salir del «modo mente», que es muy limitado, para tomar conciencia de quiénes somos en realidad.

Si quieres ser quien eres realmente, debes disociar tu mente de lo que es tu experiencia como ser multidimensional. Solo entonces serás capaz de creer que puedes levitar, que puedes volar o que puedes subir a bordo de una nave multidimensional que te lleve más allá de la experiencia física.

En los cursos zen enseñamos la conciencia y la experiencia de ir más allá de las limitaciones de la tercera dimensión. Entramos en la vibración del amor incondicional; hacemos que esta nos rodee y, bajo su cúpula, nos encontramos con que absolutamente todo es posible. Desde este estado, todo se pone en su lugar; puede desaparecer una determinada enfermedad y podemos crearnos un estado mental de paz, armonía y quietud. Solo cuando creemos que algo no es posible ponemos una barrera que nos impide alcanzar nuestros sueños. Para los niños la magia existe porque para ellos es posible, hasta que papá o mamá dicen que eso no puede ser. Como sus padres son Dios para él, si le dicen que algo es imposible, el niño limita su experiencia y se empequeñece; deja de vivir la magia.

Somos fractales de conciencias

Soy consciente de que hay seres que habitan en otros planos dimensionales que me acompañan continuamente, y me comunico con ellos. Sería complicado explicar de dónde son concretamente, porque vivimos en un multiverso. Sin embargo, no es menos complejo que lo que atañe a nuestra propia procedencia. Por ejemplo, yo puedo decir que soy de Andrómeda pero que también soy de las Pléyades, y de Sirio... Somos de todos estos sitios y de muchos otros, y nos damos cuenta de ello cuando salimos de las limitaciones de la tercera dimensión y pasamos a la quinta, conocida también como el paraíso. Ahí lo somos todo, somos uno, y a partir de esa «plataforma» experimentamos la multidimensionalidad, nos «fractalizamos».

Somos partes de conciencias. Por ejemplo, Jesucristo vino en su día y trajo una conciencia, como la trajeron todos quienes interactuaron con él. Y no debemos pensar que fueron una especie de superhombres: el apóstol Pedro era un grandullón que roncaba y a quien le encantaba pescar, como se explica en la serie de libros *Caballo de Troya*, de J. J. Benítez. (Por cierto, me he encontrado con muchos Pedros en esta vida, hombres y mujeres). Y ¿quiénes eran todas esas personas que estaban en la vida de Jesús? ¡Nosotros mismos!, en otra época, en otra frecuencia, en otra realidad, que ahora esencialmente se está repitiendo, pero bajo una forma diferente. Con cada retorno, mejoramos la especie. ¡A ver si esta vez lo hacemos bien del todo! Esto no quiere decir que incluso Jesús se haya reencarnado; lo que cuenta es que la conciencia crística que él representaba está muy presente hoy en día, porque estamos recordando quiénes somos realmente y, al hacerlo, estamos entrando en esa frecuencia.

¿Por qué hay seres humanos que se identifican con Jesús, o Krishna, o Buda, o la Virgen, o Kwan Yin? Porque forman parte del grupo cósmico que bajó con esa conciencia, la cual encarnó de la forma más pura posible en ese personaje. Obviamente, si pertenecemos a una determinada conciencia, vibramos o resonamos con el personaje que mejor la representa. Estos grandes seres vinieron voluntariamente como mensajeros para aportar sus respectivas conciencias a la humanidad.

Por parte de los planos de alta vibración, se ha intentado y se está intentando que la humanidad recuerde; por eso acuden hermanos altísimamente evolucionados como mensajeros. Como he mencionado, el maestro Jesús fue uno de ellos... y lo sigue siendo. Como atlante que fue, también está participando, actualmente, en la enseñanza zen que difundimos. Jesús acude a dar sus lecciones y algunos alumnos han podido verle, conocerle y sentarse a hablar con él. No es el único; también recibimos mensajes por parte de otros maestros, de los llamados maestros ascendidos o de dioses de otras culturas. Los alumnos zen tienen la capacidad de conectar con ellos porque lo semejante atrae lo semejante. Cuando están en conciencia, en paz y en armonía, es fácil que puedan establecer esta conexión, manifestar sus inquietudes y obtener respuestas.

Eso sí, para poder establecer este tipo de comunicación, hay que tener el canal activo y libre de obstáculos. Como digo familiarmente, hay que quitar el polvo de la antena. Al igual que ocurre cuando queremos sintonizar con una determinada emisora de radio, tenemos que ajustar el dial. Si no, no estamos en condiciones de ser receptivos. En este caso, nuestros hermanos cósmicos no pierden el tiempo con nosotros, pues saben que sería inútil intentar transmitirnos algo. Tampoco pueden desbloquearnos; tenemos que hacerlo nosotros mismos. Tenemos que avanzar hasta una zona en la que haya «cobertura» para que la conexión sea posible.

¡Que no te engañen!

Las entidades que infectan al ser humano desde la cuarta dimensión pueden hacerse pasar por hermanos cósmicos de alta vibración y engañar a la gente. Para ilustrar este tema voy a referirme a las apariciones marianas, en las que no es oro todo lo que reluce.

Me han preguntado en alguna ocasión cómo son posibles unas apariciones marianas tan dispares. ¿Realmente se presenta la Virgen en lugares tan distintos y bajo formas tan diversas? Sí; esto no debe ser un problema para una conciencia que se manifiesta. Y adopta una forma u otra según la cultura del lugar, para que su presencia pueda ser reconocida. Por ejemplo, la Virgen es negra en África, amarilla en China y blanca en España (con la honrosa excepción de la Virgen de Montserrat, la «Moreneta» catalana, que curiosamente es negra). Sea cual sea la forma que adopte, no se trata más que de una representación tridimensional y antropomórfica de esa conciencia o deidad. De hecho, somos nosotros mismos quienes creamos esa forma en concreto, bajo el prisma desde el cual la contemplamos.

La Virgen siempre se aparece con un propósito, para dar un mensaje o prestar un servicio, fruto de la necesidad que tienen determinadas personas que se identifican con ella. Se trata de algo muy práctico y vinculado con el momento, y está de más hacer una estatua en representación de esa aparición y rendirle adoración religiosa. Por otra parte, cuando se aparece la Virgen realmente, siempre pasa a brotar agua en ese lugar, y además ocurre algún que otro milagro.

Otro aspecto importante que se debe tener en cuenta es que la Virgen no necesita decir quién es. Tampoco Jesucristo, ni ninguna otra de estas conciencias. Las reconocemos directamente, por su frecuencia, igual que cuando vemos a nuestro hermano de carne y hueso, no tenemos dudas acerca de quién es. Al menos, idealmente. Porque, a la hora de la verdad, en el mundillo espiritual hay mucha fantasía y mucho anhelo de amor incondicional, que hacen que muchas personas sean vulnerables al engaño. Y hay entidades que se complacen en distraernos, sabedoras de que buscamos fuera lo que no somos capaces de encontrar dentro. Adoptan determinadas formas que asociamos con la luz y el amor incondicional, e incluso puede ser que todo un pueblo acuda al lugar de la presunta aparición para adorar a la falsa Virgen, para deleite del espíritu burlón. Hay que saber que la Virgen siempre se manifestará con un propósito; nunca para montar un espectáculo.

En última instancia, para no ser engañados por entidades multidimensionales o por humanos malintencionados, debemos volvernos sensibles a nosotros mismos. Si estás resonando con la vibración de tu alma, que es el amor incondicional, nadie podrá mentirte. Cuando quieras saber la verdad de algo, tu cuarto chakra girará a gran velocidad y tendrás una inspiración; porque estarás «en espíritu», conectado con tu Ser. Cuando disfrutas de esta conexión, eres y sabes; tienes acceso a tu sabiduría. Y gozas de certeza. Si debes tomar una decisión, hazlo desde tu supermemoria, no desde la mente. Si lo sientes ahí, en la sede de tu alma, adelante. Te digan lo que te digan los demás, no puedes negar lo que sientes. Cuando conectamos con este espacio, dejamos de tener dudas.

La vibración de la verdad y el amor incondicional es la mayor protección con que contamos frente a los ataques o las injerencias procedentes de la cuarta dimensión o de seres humanos malintencionados. En nuestra enseñanza disponemos de la respiración con conciencia, en la que usamos la capacidad zen para fortalecer nuestro campo magnético y volvernos impenetrables. Cuando contamos con esta protección, si alguna persona o entidad quiere perturbar nuestra mente, influir sobre nuestra forma de pensar o manipularnos, esa influencia rebota contra nuestro campo magnético y vuelve al lugar de donde ha venido; no nos afecta.

Capítulo 6

El gran puzle que hacemos entre todos

Cada uno de nosotros tenemos un plan de vida, un programa individual. Y, como especie humana, tenemos un plan colectivo. Es como si hubiésemos hecho el pacto de evolucionar juntos. Podemos imaginar que estamos haciendo un gran puzle entre todos, formado por muchos millones de piezas; es el puzle de la historia de la humanidad. A cada uno nos han dado un saquito que contiene nuestras piezas, el libro de nuestra vida. Cuando vaciamos el saco sobre la mesa, las piezas están al revés: no sabemos de dónde venimos, ni adónde vamos, ni qué hacemos aquí, ni quiénes son las personas con las que estamos interactuando... El juego consiste en ir dándoles la vuelta a las piezas y juntarlas. Cuando tenemos hecho nuestro trozo del puzle (o parte de él), debemos unirlo con los trozos de otras personas.

Lo mágico de la situación es que estamos todos conectados y todos tenemos una parte del puzle colectivo. A lo largo de los siglos y las eras hemos ido ensamblando nuestras piezas personales pensando que nuestra experiencia es totalmente ajena y separada de la de los demás, pero actualmente las estamos uniendo —como dice la expresión, «Dios los cría y ellos se juntan»—. Ahora nos estamos encontrando los que llevamos piezas que deben encajar unas con otras dentro de la gran imagen; en cambio, quienes tienen piezas correspondientes a otras partes del puzle van desapareciendo de nuestras vidas. Debemos practicar el desapego si es necesario y dejar que sigan su programa.

Cuantas más piezas unamos, más contenido del puzle se va revelando. Los hay con más habilidad para ir juntando sus piezas, porque han tenido menos oportunidades de distraerse o han sufrido duras pruebas en su vida, lo que les ha hecho centrarse más en el puzle. La persona que despierta también voltea y une sus piezas con mayor facilidad. Esa persona empieza a buscar, a mirar, a sentir, interesada en ver lo máximo posible del contenido de la imagen. Se apasiona por lo que está aconteciendo en su vida porque empieza a encontrarle el sentido y ve cómo encajan todas las experiencias que ha vivido. Le van llegando informaciones y tiene cada vez mayores comprensiones. Esa persona, en su pasión, no puede callarse. Empieza a compartir su experiencia y, como lo semejante atrae lo semejante, va contagiando su entusiasmo. Aquellos que resuenan con ella dicen: «Si tú puedes, yo puedo; voy a probar con eso que tú has hecho para despertar». Así se crean un interés y una pasión colectivos.

La persona empieza por trabajar en sí misma e integrar la vibración del amor incondicional. Cuando lo logra, alimenta su pasión y sale a decir su verdad. Hace unos años, cuando salíamos a proclamar nuestra verdad, había mucha gente dormida que creía que estábamos locos y decíamos tonterías, pero fueron viendo que había aspectos con los que resonaban y se fueron abriendo. Hoy día son muchos miles los individuos que viven en el amor incondicional o que lo buscan.

Cuando queremos hacer un puzle de mil piezas, cuesta mucho juntar las primeras, pero cuando hemos logrado agrupar varias piezas, resulta mucho más fácil unir esos grupos. Ocurre lo mismo en el ámbito del despertar: empiezas moviendo unas pocas personas, después grupos, y quienes han recibido la enseñanza crean otros grupos... Llega el momento en que el proceso se acelera y el puzle avanza con mucha rapidez.

El problema para el sistema es que el despertar es contagioso. En los inicios de impartir la enseñanza, venían unas veinte personas a los cursos. Hoy día acuden fácilmente mil o dos mil. Y mi maestro dijo en su día que en el futuro íbamos a impartir cursos a «diezmiles» personas. Nos anunció que los cursos se celebrarían en lugares con mucha capacidad, como estadios de fútbol. En aquel entonces, hace quince años, nos costó creerlo, pero la expansión de la enseñanza se ha acelerado mucho desde esos momentos.

Una obra horizontal

En la elaboración de un puzle no hay jerarquías; las piezas se unen en un plano de igualdad. Esto quiere decir que la época de los gurús ya pasó. Hoy día corresponde que cada uno sea su propio maestro; este es el nuevo movimiento espiritual. Se acabó el comportamiento de acudir a un maestro situado en su pedestal, alguien inalcanzable que estaba en posesión de la verdad, a quien acudían todos sus seguidores en busca de un poco de información, sosiego o lucidez que no podían encontrar por sí mismos. Ahora, cada uno debe ir hacia dentro y generar la vibración del amor incondicional.

Actualmente no hay ninguna religión, enseñanza o movimiento espiritual que pueda pretender que tiene *la verdad*. Por ejemplo, yo misma no vengo a enseñar a nadie. Me limito a ir siguiendo mi camino y voy recibiendo informaciones sobre la marcha, en función de lo que necesite saber en el momento. Voy recordando, pero puedo decir que no sé nada. Solo sé lo que siento, lo que vivo y lo que vibro en el presente, lo cual no es nada en comparación con lo que tenemos que recordar entre todos. Solo es pasito a pasito como voy abriendo un camino.

Puesto que a estas alturas tengo muy claro que las experiencias que vivimos son efímeras y que todo lo que ocurre tiene un sentido, y puesto que también sé que cuento a cada momento con la ayuda que necesito para superar las pruebas, confío al cien por cien en la forma en que se conduce mi vida. Esto me permite sentirme muy segura a la hora de hacer lo que hago.

Por supuesto, esto no quiere decir que el camino vaya a ser fácil. El solo hecho de confiar no significa que todo vaya a ponerse de color de rosa. Tendremos experiencias duras y nos veremos obligados a afrontar pruebas difíciles, pero como contaremos con una mayor comprensión, podremos aceptarlas en lugar de intentar negarlas o de enojarnos a causa de ellas.

Algunas de las pruebas más duras tienen que ver con los egos más grandes. Estamos sometidos a la prueba constante de mantenernos en la humildad y la sencillez. Tenemos que evitar la tentación egoica de creer que tenemos la razón y de enfrentarnos a los demás por defenderla. Cuando alguien se acerca a escucharnos con actitud de apertura, hemos de permitir que fluya la energía. Si esa persona nos plantea dudas o preguntas, debemos concebir que lo que tiene lugar es un intercambio. Porque es posible que nuestra mente no sepa la respuesta. Así, nos situamos «en zona de cobertura» para contar con una buena conexión. Acto seguido, tecleamos la pregunta en nuestro «Google interior», y nos viene algo a la cabeza. Eso que se nos ocurre no tiene por qué ser la verdad absoluta, pero cuando lo manifestamos, la otra persona puede tener una idea o recordar algo... Entre los dos tiramos del hilo y la información va fluyendo. De ese modo tiene lugar un intercambio, a raíz del cual aumenta la comprensión de ambos en torno a esa cuestión.

Esto puede tener lugar entre dos personas o también en contextos grupales o colectivos: en el entorno de una charla, un curso, una tertulia, una sobremesa, etc. De repente, todos los presentes entran en resonancia, se eleva la vibración general y va tomando forma la respuesta.

En estas circunstancias, ¿quién es el maestro y quién es el discípulo? Todos somos ambas cosas a la vez. Somos un conjunto de maestros y discípulos que llevan muchas vidas juntos, y en realidad no sabemos quién tenemos delante en un momento dado. Aparentemente, puede haber alguien que esté dando una enseñanza y otros que estén recibiéndola (o, mejor dicho, alguien que esté facilitando el recordar y un grupo de personas receptivas). Pero en cualquier momento uno de los presuntos discípulos puede hacer de maestro por medio de formular una pregunta difícil de responder. A raíz de la pregunta, la persona que está en la posición de enseñar procede a buscar en su interior una respuesta que, en primer lugar, le servirá a ella misma.

Así pues, abandonemos cualquier postura de arrogancia espiritual, según la cual hay uno que sabe y los demás acuden a ilustrarse con su sabiduría. En estos tiempos, todos nos aportamos a todos, y juntos vamos recordando. Cada uno posee algunas de las piezas del puzle, y las necesitamos todas para que este llegue a estar completo.

Trampas en el camino

Acabo de presentar un cuadro casi idílico de despertar colectivo, pero en realidad el proceso es complejo. No es unidireccional; hay muchas personas que experimentan pérdidas de rumbo y retrocesos. La evolución aquí en la Tierra está marcada por la dualidad, y esta afecta también a las enseñanzas espirituales. En la práctica, esto significa que el ego presenta sus tentaciones; si se cae en ellas, la andadura espiritual puede convertirse en antiespiritual.

En mi experiencia, esto se manifiesta como personas que permanecen junto a mí durante un tiempo, hasta que sienten que ya no me necesitan, o que ya no les aporto algo que siga satisfaciendo su ego y su ambición. Esas personas al principio son muy respetuosas y solícitas; muestran una buena disposición a entregarse a la causa, le dedican todo su tiempo y hacen un buen trabajo. Esto es así hasta que consideran que están estancadas, se frustran y abandonan.

¿Por qué experimentan esa sensación de estancamiento? Porque los grados de despertar se conceden a los alumnos que están preparados para ello. Si el alumno tiene una ambición subyacente, o se deja seducir por los cantos de sirena del ego, se le corta el camino, se le frena; a veces momentáneamente y a veces durante un largo tiempo. Es entonces cuando se manifiesta su verdadero carácter o sus intenciones reales. No se puede vivir siempre con esa sonrisita que da a entender que uno es una persona buena, espiritual. Esta pose desaparece cuando uno se hace consciente de que está atascado y se frustra.

Cuando ocurre esto, quienes hasta ese momento parecían muy entregados de pronto se distancian; se van con otros grupos. Buscan que les regalen el oído, que les digan lo maravillosos que son, la gran capacidad que tienen. Les ofrecen otras herramientas, y se sienten muy arropados e importantes. Para que los nuevos miembros no se sientan a la sombra de lo que han vivido antes, esos grupos intentan desacreditar nuestra enseñanza; hablan mal de ella, y las personas que habían estado con nosotros se posicionan en nuestra contra. No son conscientes del daño que se están haciendo a sí mismas.

¿Qué se puede hacer ante esto? Nada. Cuando se está trabajando desde el amor incondicional, hay que permitir que esas personas aprendan sus lecciones. No somos nadie para juzgarlas; esto sería contrario a lo que proclama la enseñanza. Si se predica el amor incondicional, hay que respetar la libertad de los demás. Hay que abstenerse de darles ningún sermón para que tomen conciencia. Hay que dejar que sigan su camino. Es necesario respetar el libre albedrío de todos los seres humanos y sus elecciones. Lo único que podemos hacer es ejercer el perdón y abrirles las puertas si quieren regresar una vez que hayan aprendido sus lecciones y hayan adquirido humildad a raíz de su experiencia. Una enseñanza cósmica no se aprende, sino que es algo que recordamos aquí en la Tierra. Nadie tiene que pagar por recibirla, pero sí estar predispuesto a recordar, a quitar el polvo de su antena.

Cuestión de coraje

Al sistema no le hace ninguna gracia que las enseñanzas espirituales verdaderas prosperen y, como he indicado, la nuestra se está extendiendo con rapidez. De modo que a veces me preguntan:

—¿Tú no tienes miedo?

Y respondo:

—¿Miedo a qué? ¡Si no hay quien me calle, soy un caballo desbocado!

¿Por qué cuento con esta certeza y esta energía? Porque he tenido una expansión de conciencia y he vivido en mis carnes el despertar a la verdad de lo que soy. Porque he visto terminado el puzle de mi vida y veo cómo lo hago. He podido ver, desde fuera de mi cuerpo, las distintas piezas y cómo se encajan. Me veo en distintas situaciones; con personas que se acercan y otras que me traicionan, personas que me aman y otras que me odian, personas que me ayudan y otras que intentan hacerme daño... Y veo cómo voy avanzando. Veo cómo aparece un muro delante y mi propio Ser, o los ayudantes multidimensionales, me dicen:

—¡Salta, sin temor!

De modo que confío y salto, y cuando llego al otro lado, veo que el muro no era tan alto (es decir, que el asunto en cuestión no era tan difícil como parecía; mi mente interpretaba

algo como imposible de lograr, pero no era así en realidad).
Y no paro de avanzar, y veo el final de la historia...

Sé que tengo el cometido de contribuir a que la gente
recuerde sin que deba preocuparme por cómo hacerlo. Me
dicen:

—No te preocupes. No te quedes en el cómo lo vas a
hacer; solo hazlo. Avanza; no mires atrás. Estamos contigo.
Te protegemos. No te desanimes ni te caigas.

Pero a veces me canso, me frustro, pataleo y grito:

—¡Venid a buscarme! No me gusta esto. No me entienden; no puedo más.

Y entonces aparece un ángel que me da unas palmaditas
en la espalda y me asegura:

—Lo estás haciendo bien; sigue así.

Y me da un regalo, un mimo, algo que me hace sentir mejor. Porque no es fácil. Y sigo avanzando de cualquier
modo, a pesar de las tormentas; porque todo pasa, y tiene
que pasar. Si nos vienen pensamientos negativos o inadecua-
dos, los cancelamos. Aun así, a veces tenemos que llegar hasta el límite de nuestro aguante y contamos entonces con un
único recurso: el *solo hazlo*. Es decir, debemos dejar de pensar
y analizarlo todo. Si nuestro corazón nos indica que es lo adecuado, soltemos nuestras reticencias y hagámoslo, sin más.

Este mundo necesita personas auténticas y valientes,
que tengan la capacidad de decir su verdad. Cuando uno dice
su verdad, nadie está legitimado para negarla. De modo que
tenemos que dejar de seguir al rebaño. No es fácil, porque
sabemos que si destacamos, se van a incomodar, y a nadie
le gusta que hablen mal de él. Pero la verdad debe ser más
fuerte. Cuando uno sabe algo con plena certeza, cuando no

le importa lo que digan los demás porque ha vivido eso en sus carnes, en sus huesos, en su mente, en su corazón y en su alma, puede adquirir el coraje necesario para hablar y actuar.

Así pues, te digo: atrévete a ser tú, con todas las consecuencias. ¿Tienes miedo? Vencerlo es una elección, una decisión personal. Cree en ti, lánzate, apuesta por el amor, haz todo aquello que te haga sentir mejor. Busca tu pasión, aquello que eleve tu frecuencia. Y únete y vibra con personas afines. Si te acercas a una pandilla de miedosos, tus miedos se verán estimulados. Por lo tanto, únete a personas que sean capaces de vibrar fuera del miedo, que tengan una frecuencia constructiva. Y, si puedes, aprende el curso zen, pues en él damos varias herramientas destinadas a que los alumnos puedan superar cualquier tipo de atasco mental, físico o multidimensional.

Capítulo 7

La urgencia del despertar

Cambio de ciclo

Hasta ahora teníamos tiempo para cometer errores, tomar caminos equivocados, rectificar... Si vivimos en el amor incondicional, es necesario seguir respetando estas dinámicas. Sin embargo, debemos instar a las personas a que se definan, puesto que, como avanzaba en la introducción, se acaba el tiempo. El planteamiento es sencillo: ¿quieres vivir en el amor incondicional o quieres seguir anclado en el materialismo? Las perspectivas que se nos abren son muy distintas en ambos casos.

Esto tiene relación con la manifestación de un fenómeno que fue vaticinado por los antiguos mayas: el cambio de ciclo que está viviendo la humanidad, que se corresponde con un cambio de ciclo cósmico. Como posiblemente ya sabrás, porque se ha hablado mucho de ello, nuestra galaxia cuenta con un sol central, que los mayas asociaron con su máxima deidad, Hunab Ku. Cada veinticinco mil años aproximadamente, el sol central de la galaxia emite una serie de pulsaciones lumínicas, por las cuales se expanden grandes cantidades de luz transformadora. Nuestro Sol se hace eco de estas pulsaciones y las transmite por toda su área de influencia, con lo cual fomenta un cambio de conciencia global. Cada vez que tiene lugar este fenómeno empieza un nuevo ciclo para la humanidad; concretamente, los mayas afirmaban que estamos viviendo lo que ellos denominaban el final del Quinto Sol y el principio del Sexto Sol. La transición empezó a tener lugar en el año 2012, y estamos inmersos de lleno en ella.

Muchas personas esperaban una especie de fin del mundo para el año 2012, que no se produjo, por lo que ahora se sienten a salvo. Ignoran que no hemos vivido mayores catástrofes gracias al hecho de que numerosos grupos espirituales nos hemos esforzado por «comprar tiempo». Es decir, hemos hecho un trato con nuestros hermanos cósmicos con el fin de tener tiempo extra suficiente para preparar a más personas para la transición. Pero todo tiene un límite, y hay indicios de que este tiempo se está agotando.

Durante los cambios de ciclo se producen perturbaciones planetarias, a causa de la influencia que ejerce el Sol sobre la Tierra. Inevitablemente, si nuestra estrella se ve activada por el sol central de la galaxia, pasará a tener un comportamiento más inestable. Cabe prever que las tormentas solares se intensifiquen, y es fácil que ello repercuta sobre nuestro planeta. En la época en que vivimos, es especialmente vulnerable la red eléctrica y de telecomunicaciones, lo cual ha puesto a los gobiernos en situación de alerta, como veremos con mayor detalle en el próximo capítulo. También veremos cómo el cambio de comportamiento del Sol puede asociarse con una alteración de las condiciones climáticas y con diversos episodios que afectan a la superficie del planeta (en forma de terremotos, erupción de volcanes y tsunamis). Asimismo, tal como preveían los mayas, la influencia del Sol se extiende también al comportamiento humano. Ya sea porque las afectaciones sobre el campo magnético terrestre repercuten sobre el sistema nervioso del ser humano, ya sea por el cambio de conciencia que se está induciendo desde el Sol y el centro de la galaxia, estamos viviendo una época de convulsiones en el ámbito político y social, de comportamientos extraños y excesivos, al lado de las muestras más bellas y sublimes de solidaridad y empatía.

Naturalmente, las convulsiones planetarias sacan —y sacarán— lo mejor y lo peor del ser humano, según su grado de despertar. Esencialmente, tenemos dos opciones: aferrarnos a los comportamientos egoístas que han sido la característica definitoria del ciclo que está finalizando u optar por pensar, sentir y actuar a partir del amor incondicional, en sintonía con el nuevo ciclo que está empezando.

Nuestro destino va a ser distinto en uno u otro caso. Si tiene lugar un gran despertar colectivo, en el que se implique la mayor parte de la humanidad, cabe esperar que la Tierra siga siendo nuestro hogar. Debemos poner todo el empeño en ello, como primera opción. Está previsto que nuestro planeta experimente grandes perturbaciones —es posible que incluso se modifique la configuración de los continentes—, pero el carácter de paraíso terrenal puede quedar restablecido después de estos acontecimientos.

En el caso de que fuese imposible que la humanidad viviese en una Tierra paradisíaca a causa de una catástrofe a escala global, sea obra de la naturaleza o del ser humano, existe una alternativa: que pasemos a vivir en otro mundo. Con este fin, se ha preparado un paraíso alternativo, en otro planeta.

Si hay que acabar yendo ahí, a ese otro mundo, ¿qué seres humanos van a habitarlo? Lo más recomendable es que se produzca una selección, que es una autoselección de hecho. Uno puede elegir vivir en el amor incondicional y activar sus capacidades, con lo cual podrá sobrevivir a las convulsiones que probablemente se avecinan y ayudar a otras personas, o bien puede permanecer en el egoísmo, descuidar el cultivo de sus capacidades y no prepararse. Después de esta selección natural, cabe prever que sobrevivirán las personas que hayan optado por el amor. En el caso de que la Tierra no pudiese seguir siendo habitada, sería necesario que se produjese una gran evacuación, y esas personas serían trasladadas al nuevo mundo. Se trata de un planeta igualmente precioso, bellamente iluminado por dos soles.

La llegada del nuevo paraíso (aquí en la Tierra o en este otro lugar) será un acontecimiento apoteósico que marcará el inicio de una edad de oro para la humanidad. En cuanto a las personas que no estén en la frecuencia del amor incondicional, su destino vendrá determinado por su karma, por sus deudas pendientes. Si no se cualifican para habitar en el paraíso y desencarnan, seguirán evolucionando en otros lugares.

UN MENSAJE PARA LA HUMANIDAD

En el curso zen que impartí en Madrid el fin de semana del 12
al 14 de mayo de 2017 (justo el fin de semana del centenario
de la primera aparición de la Virgen María en Fátima), una
alumna nos transmitió un mensaje muy especial para la hu-
manidad, cuya difusión es importante. Lo incluyo aquí porque
está muy relacionado con la temática de estas páginas. Estas
fueron sus palabras:

«En el mes de marzo estaba en duermevela, ya metida en la
cama, y de repente apareció como una nube, o un cuadro,
donde vi la cara de Suzanne Powell, que me dijo: "¡Hola!".
Pensé: "¿Cómo puede estar pasando esto? ¡Si estoy despierta; no estoy durmiendo!". La dejé hablar, y me preguntó:
"¿No te acuerdas de cuando estábamos juntas en las Pléyades?". Y añadió: "Búscame". Estaba claro que, por alguna
razón, tenía que conocerla personalmente, así que al día siguiente me metí en Internet y descubrí que en un mes iba a
impartir el curso zen en Madrid. Me alegré de ver que el encuentro no tardaría en producirse. Pero después se me apareció en un sueño y me dijo: "No; antes voy a hacer un *reset*
colectivo. Ven entonces". Fui, y ahí conectamos. Cuando la
vi, tuve enseguida la impresión de que era mi hermana mayor, de que la conocía de toda la vida.

»El primer día del curso, ya en la primera meditación, vi al
señor de la foto *[se refiere al fundador de la enseñanza zen,*
cuya foto muestro siempre en los cursos]. Lo vi en otra dimensión, en la que íbamos todos de blanco. Me dijo: "Este espacio al que acudes tú en tus meditaciones, esta dimensión,
es adonde vais a ir, donde vais a estar. Estás viendo que hay
parcelas, y que cada una tiene su nombre. Quienes estéis en
la luz a partir de ahora, y siempre que no os desconectéis de
la luz, vais a construir vuestra casa aquí".

»Hay que olvidar lo pasado y vivir en el presente, en la luz,
para poder llegar a construir esas casas. El señor fundador

también me dijo que la mayor y mejor terapia es sonreír, aunque nos cueste. Me dijo: "Suzanne no siempre tiene ganas de sonreír, pero lo hace, porque esta es la terapia. Hay que sonreír. Y llegaréis aquí. Va a ser complicado, es difícil, no todos vais a llegar (esta es la peor parte), pero si no os desconectáis, si permanecéis en la luz, llegaréis".

»Otro mensaje que me dio es que somos muy poderosos. Me dijo que ahora íbamos a tener el sesenta por ciento de capacidad,* y que el otro cuarenta por ciento es nuestra intención. Y que vamos a ser capaces, en esta época, de hacer muchos milagros. Por otra parte, se van a abrir puertas dimensionales (esto lo estoy viendo desde hace muchísimo tiempo) por las que podremos pasar y llegar al otro lado.

»Es muy importante que todo el mundo sepa que tenemos un sitio preparado, al que llegaremos si estamos en la luz. Por lo tanto, decídselo a todos: a familiares, a amigos, a los que no crean en esto, a los que no crean en nada... Es muy importante que este mensaje llegue a todo el mundo».

---

* El curso zen se imparte en dos niveles. En el primero se obtiene el treinta por ciento de la capacidad, y en el segundo hasta el sesenta por ciento. En los capítulos 9 y 10 hago referencia a algunas de las capacidades que se activan en este curso.

El programa de cada cual

Entrar en una nueva etapa de la historia humana marcada por la paz, la armonía y unas mayores capacidades sería un viejo sueño hecho realidad, algo que muchos queremos vivir. Pero en última instancia no ocurrirá nada si no lo conseguimos, o si morimos en el intento. Naturalmente, la muerte no existe. No ocurre nada por «morir»; simplemente abandonamos un traje. La vida sigue igualmente, y cada uno cumple con su destino en consonancia con su Ser.

El solo hecho de que hayas sido una «buena persona» y hayas realizado un buen trabajo en este mundo no significa necesariamente que vas a conocer el nuevo paraíso. Todos sabemos de magníficas personas que han abandonado este plano, y en ocasiones podemos tener la sensación de que lo han hecho «antes de tiempo». Pero no existe el «antes de tiempo». Cuando alguien se va, es porque estaba incluido en su programa y sus fechas se habían fijado de antemano. La gente que se va ahora es porque eso estaba en su programa y sus fechas estaban señaladas. Puede haber muchas razones por las que se dan determinadas circunstancias en la vida de una persona que desemboquen en su fallecimiento. Una de las posibilidades es que elija vivir el cambio de ciclo de la humanidad en otra dimensión, desde la cual poder ayudar a los seres humanos como guía o como espíritu. Es una bella muestra de servicio por amor.

Después de morir, tenemos elección en cuanto a cómo queremos dirigir nuestro programa a partir de entonces. He aquí algunas de las opciones: podemos ir a otro planeta, para seguir limpiando nuestro karma en él y proseguir con nuestra evolución; podemos «tomarnos unas vacaciones» y no encarnar durante un tiempo o, si existe aún la posibilidad, podemos volver a encarnar en la Tierra. En este caso, hay varias opciones: podemos venir a prestar servicio, podemos decidir tener una vida más suave que la anterior –aunque nuestra evolución no se vea tan impulsada– o tal vez amamos tanto a alguno de nuestros familiares (nuestro padre, nuestra madre, nuestra hermana, etc.) que elegimos vivir a su lado reencarnados como un nuevo hijo, o un nuevo nieto...

Finalmente, están todas esas personas despiertas que, protegidas por la vibración del amor incondicional, lograrán superar todas las pruebas y vivirán en carne y hueso el momento de gloria que aguarda a la humanidad, ese momento tan esperado en que los seres humanos que se hayan cualificado para ello inaugurarán una nueva edad de oro, en el nuevo paraíso. Esta humanidad naciente estará integrada por personas conscientes, amorosas y dotadas de altas capacidades.

EL NUEVO PLANETA QUE SE HA DISPUESTO PARA LA HUMANIDAD

Tuve la oportunidad de conocer en un sueño lúcido el nuevo mundo paradisíaco al que se llevará a la humanidad (si la Tierra deja de ser habitable). Presenta similitudes con el mundo que nos muestra la película *Nuestro hogar*. El nuevo planeta tiene una vegetación increíble. El recuerdo más impactante que tengo es el de un árbol del que cuelgan unas bellas uvas doradas, enormes y jugosas. En este paraíso nunca es de noche porque tiene dos soles; cuando se pone uno, sale el otro. La temperatura es perfecta. Todos los habitantes de ese mundo son jóvenes y nadie sufre enfermedades. Uno elige si comer o no hacerlo. Se cuenta con una alta tecnología y las personas tienen experiencias multidimensionales como parte de su naturaleza. Se comunican verbal y telepáticamente, según lo necesiten en el momento. Por todas partes se respira amor, felicidad, alegría, paz, armonía…; la gente sonríe continuamente. La música y el baile están siempre presentes. ¡Y al llegar allí nos reencontramos con nuestras mascotas!

Tiempos de selección

Lo ideal es que no se produzca una situación de emergencia planetaria antes de tiempo y que nos vayamos cualificando para ser dignos de vivir en el nuevo paraíso; solamente así será habitado por personas que lo valoren, lo mantengan, lo respeten y lo disfruten. Si el planeta Tierra tuviese que ser evacuado antes de que la selección se haya completado, los hermanos cósmicos nos llevarían a todos al nuevo planeta. En este caso, llegarían a él tanto los que estuviesen en la frecuencia del amor como los que estuviesen en frecuencias más bajas, y sería difícil que conservase durante mucho tiempo su condición de paraíso.

En la época actual de autoselección, permanecemos plenamente mezcladas las personas dormidas y las despiertas. Puesto que vivimos en medio de la dualidad, los individuos cuya presencia en un paraíso podría resultarnos más ofensiva están haciendo su labor en estos momentos, al permitir que la gente cultive el discernimiento y, así, vayan despertando.

Mencionaba anteriormente que algunos grupos espirituales hemos «comprado tiempo». Lo necesitamos para que, llegado el momento, haya más gente preparada, despierta. Cuantas más personas despierten, más suave y armoniosa será la transición. Cuantos más seamos los que practiquemos el amor incondicional, menos sacudidas precisaremos, a todos los niveles. Serán necesarios menos cataclismos planetarios para que despertemos, porque ya lo estaremos haciendo de todos modos.

En la Biblia se hace referencia a que deben despertar ciento cuarenta y cuatro mil personas. En verdad, no son necesarias tantas. Si una sola persona despierta realmente (si se hace consciente de cuál es la realidad, tiene humildad y dispone de una alta capacidad), vale por mil en términos concienciales. De modo que únicamente necesitamos ciento cuarenta y cuatro personas despiertas en este mundo para que cambie la realidad que estamos viviendo.

Tenemos que pensar que este logro es posible. Si creemos que es imposible, esta conciencia colectiva hará que lo sea. Así pues, empecemos por cambiar nuestra perspectiva como el observador que somos, ese espacio interior desde el que creamos nuestra propia realidad.

En este despertar, nos vamos desidentificando del sistema, que está procurando sembrar el miedo y mantener a la humanidad dormida. Por ello, la gente está cada vez menos dispuesta a seguir las directrices del sistema político, bancario, educativo, etc. Liberarse de estas garras es amor incondicional en acción, y es ejercer la confianza y el coraje. Nos empoderamos cuando decidimos ser nosotros mismos independientemente de lo que quiera el sistema de nosotros. Así ponemos a prueba nuestra honestidad y nos cualificamos para ser los dignos habitantes de un nuevo paraíso. Por ello, no subestimes la acción a gran escala. El argumento «¿qué más da lo que hagamos si el mundo tal como lo conocemos va a acabar de todos modos?» es muy lógico, pero no está en resonancia con el amor incondicional. Este no es indolente, sino fulgurante y comprometido; está siempre al servicio de la vida. De hecho, un paraíso es una materialización del amor incondicional. Solo podemos apreciar y valorar realmente lo que es vivir en el paraíso si lo hemos construido antes en nuestro interior.

Como suele decirse, «mientras hay tiempo hay esperanza». Es decir, en esta época de transición, no nos dediquemos a juzgar a los demás, a señalarlos con el dedo pensando o diciendo: «Tú nunca vas a entrar en el nuevo paraíso». No estamos aquí para condenar a nadie, sino para sembrar conciencia. Hasta el más cruel asesino puede arrepentirse en el último instante y no activar el detonador que tiene en sus manos. En ese momento, es como si pidiera perdón a Dios, y puede despertar. No hay gente mala y buena, sino dormida y menos dormida, y personas despiertas.

Todos quienes llevan a cabo acciones perjudiciales lo hacen desde la inconsciencia. Cuando alguien es consciente, es incapaz de hacerle daño a nadie, pues sabe que eso afectaría a su karma, en virtud de la ley cósmica de acción-reacción: si mato, me matarán; si insulto, me insultarán. Así pues, el que ambiciona el poder o mata no es una persona mala: es un individuo inconsciente, y también tiene derecho a evolucionar; puede arrepentirse y convertirse en una excelente persona. Imagina que un político influyente se diese cuenta de todos los errores del sistema y decidiese ponerse a trabajar para cambiar la situación. No lo podríamos criticar por su anterior inconsciencia o por sus malos actos en el pasado; merecería una nueva oportunidad.

En realidad, en estos tiempos de transición estamos viviendo una autoselección. Nadie puede descartar a nadie. Sencillamente, hay una ley cósmica según la cual uno recibe en función de lo que da. Recibiremos, pues, un trato acorde con el que hayamos dispensado a los demás y al planeta. Siempre podemos elegir nuestro comportamiento, incluso cuando nos parece que no tenemos elección. Por ejemplo, cuando un individuo a quien calificamos de «bueno» va a la guerra contra su voluntad, porque su país le obliga, tal vez sea incapaz de matar a otro ser humano. Acaso opte por sanar al enemigo en secreto, y obtendrá su recompensa kármica. Tal vez le dispararán y volverá de la guerra con agujeros en el casco, pero no morirá en el proceso.

¿Qué versión de la humanidad queremos crear?

En *Y seréis como dioses*, Fromm aborda el vacío provocado por la muerte de Dios en la sociedad contemporánea y propone nuevas fórmulas para asistir al renacimiento de un nuevo humanismo. Fromm, que considera que el principal problema del hombre contemporáneo es su confusión entre «ser» y «tener», concibe a los integrantes de las sociedades industriales como consumidores angustiados, vacíos y aislados que están aburridos de la vida y compensan su depresión crónica con el consumo compulsivo. Así, la cuestión decisiva —propone Fromm— consiste en lograr ciertos cambios fundamentales en la estructura socioeconómica que conduzcan a la humanidad entera a su despertar y liberación.

Esta es una sinopsis del libro de Erich Fromm *Y seréis como dioses*, y estoy de acuerdo con lo que expone. Ojalá los seres humanos despierten de verdad y no sea a raíz de una guerra nuclear o algún cataclismo natural —y, al despertar, se den cuenta de que estamos cocreando esta realidad entre todos.

Espero que llegue el día en que tengan la conciencia y el valor que les permitan cocrear su propio mundo, su universo, a su estilo y a su antojo, siempre a partir del amor incondicional, como si fuesen dioses. Si eso sucede, los seres humanos-dioses podremos permitirnos el lujo de interactuar con los universos de otros seres humanos-dioses, o incluso vivir en ellos, para experimentar esas otras creaciones. Y podremos invitar a estos seres despiertos a vivir en nuestros universos, también. ¿No será esto más divertido e infinitamente menos doloroso que el aprendizaje de nuestros días, basado en la dualidad y el contraste? El ser humano actual, en su ignorancia, no solo desconoce su poder creador, sino que lo aplica destructivamente, en contra de su propio propósito de vida. ¡Debe descubrir que tiene el mismo poder para crear lo maravilloso!

Creo que a estas alturas todos tenemos más claro qué es lo que no queremos, pero debemos unirnos, abrazarnos y sentarnos a discutir qué tipo de mundo queremos para la nueva versión de la humanidad que está emergiendo. En el momento de escribir estas líneas me viene a la cabeza *Imagine*, de John Lennon. ¡Puede ser una buena fuente de inspiración! Y también estoy recordando *All you need is love*, otra canción imperecedera. ¡Todo lo que necesitamos es amor! Vamos a crear pues un mundo en que nos lo demos unos a otros.

Capítulo 8

Grandes cambios
en un futuro cercano

Del Sol a la Tierra

L os científicos están desconcertados y preocupados por el comportamiento que está manifestando el Sol en estos tiempos. Desde el año 2012, la actividad solar es cada vez más inestable e impredecible. Nuestra estrella ha pasado incluso por un período de once días consecutivos de ausencia de actividad (de manchas solares), lo cual es insólito. Se ha reconocido que esto puede ser el preludio de una gran tormenta solar. De hecho, tras ocho meses de escasa actividad, entre los días 1 y 2 de abril de 2017 se registraron cinco grandes llamaradas solares que, si bien no tomaron la dirección de la Tierra, provocaron bloqueos importantes en los sistemas de comunicación en algunas zonas del planeta.

En octubre de 2016, la Administración estadounidense decretó una orden ejecutiva en que se instaba a proteger o adaptar todas las infraestructuras del país en previsión de una posible tormenta solar de enormes proporciones. En Europa, ha sido el Centro Común de Investigación el que ha alertado a la Comisión Europea de la posibilidad de una tormenta solar de gran magnitud, cuyos efectos serían terribles sobre las infraestructuras estratégicas si no se está preparado. Y, de hecho, no se está preparado: existe una carencia casi total de planes de emergencia en caso de desastre solar, incluso en las centrales nucleares. Son especialmente frágiles los satélites, por hallarse fuera de la protección de la atmósfera, pero el conjunto de la red eléctrica también está en riesgo. Se habla de la posibilidad de que nos quedásemos sin electricidad durante meses, incluso años. ¿Imaginas el colapso que supondría esto para el ser humano? En Alemania se está solicitando a la población que disponga de víveres para sobrevivir durante veinte días como mínimo, en previsión de una catástrofe indeterminada. ¿Puede ser que tenga relación con las tormentas solares esta recomendación?

El comportamiento anómalo del Sol afecta al campo magnético de la Tierra, lo cual ya está teniendo unos efectos inhabituales e incluso desconocidos sobre el clima. Hace veinticinco años al menos, mi maestro ya indicó que el agua iba a producir varias catástrofes, y en el momento de escribir estas líneas (a caballo entre el invierno y la primavera de 2017), hemos vivido grandes temporales y graves inundaciones en Perú, Colombia y Argentina. En España han padecido serias inundaciones Sevilla y Málaga, dos ciudades en las que el clima suele ser bastante seco. En las islas Canarias cayó una granizada importante en marzo, lo cual es insólito en esas latitudes. En Australia, el ciclón *Debbie* causó graves destrozos a finales de ese mismo mes...

Por otra parte, las tormentas solares ejercen un impacto magnético sobre el núcleo terrestre, constituido por hierro en un setenta por ciento. La agitación del núcleo da lugar a movimientos en el magma, lo cual a su vez produce vibraciones en las placas tectónicas. En el nivel de la corteza terrestre, esto se relaciona con la proliferación de terremotos y tsunamis. Especialmente en el denominado anillo de fuego, un área de gran actividad sísmica y volcánica ubicada en el Pacífico, ¡tienen lugar unos siete mil temblores al año! La mayoría son de intensidad moderada, pero la actividad está aumentando desde el año 2012.

Los volcanes también pasarán a estar más activos, sobre todo en el anillo de fuego: como están conectados entre sí, tanto los que se encuentran debajo de la tierra como los que se hallan debajo del mar, cabe esperar que cuando uno de ellos manifieste actividad, también lo haga el resto. En definitiva, podemos esperar más terremotos, tsunamis y erupciones volcánicas.

Cambio de polaridad

A los efectos solares se suma el hecho de que el polo magnético del planeta se está trasladando. Desde que en 1831 se señaló la ubicación del polo magnético de la Tierra, este se ha desplazado dos mil kilómetros. Se está acercando a Siberia, y la velocidad de su desplazamiento está aumentando. Esto puede ser indicativo de que la inversión de la polaridad está en marcha. De hecho, esta inversión, llamada reversión magnética, se ha producido unas cuatrocientas veces en los últimos trescientos millones de años y, según los científicos, la próxima reversión magnética debía haberse dado ya.

Se atribuye al cambio de polaridad el hecho de que la aurora boreal pueda verse cada vez más al sur (incluso se ha visto en España) y la desorientación masiva de las aves y los cetáceos en sus desplazamientos migratorios. Asimismo, el incremento de terremotos de gran magnitud y la aparición de grandes agujeros en la tierra en los últimos años se han vinculado con este fenómeno.

El cambio de polaridad también se ha relacionado con el hecho de que el campo magnético terrestre haya perdido el quince por ciento de su potencia en los últimos ciento cincuenta años. Esto es muy preocupante, pues el campo magnético terrestre nos protege de las radiaciones solares y cósmicas. Una de las consecuencias es el aumento significativo del cáncer de piel en los últimos años. Por otra parte, una atenuación lo suficientemente significativa del campo magnético dejaría desprotegidos los satélites ante las tormentas solares (las cuales, además, se estima que van a ser más importantes, como veíamos en el anterior apartado). Esto pondría en peligro los servicios de telecomunicaciones o los sistemas de navegación GPS. Los sistemas de navegación aérea también se verían afectados —de hecho, el cambio de polaridad está provocando que los aeropuertos tengan que ajustar cada vez con mayor frecuencia el balizaje y la señalización de las pistas de aterrizaje—. Otro efecto es la sobrecarga de las redes de abastecimiento eléctricas. Además, si entran más rayos cósmicos en nuestra atmósfera, estarán en peligro los sistemas electrónicos e informáticos, pues atraviesan la mayoría de los materiales, incluso las células del cuerpo humano. Si el campo magnético terrestre llegase a colapsar, el nuestro se convertiría pronto en un planeta yermo; y si lo único que hace es debilitarse, nuestro estilo de vida se vería profundamente afectado.

**VÍCTIMAS DE LA NATURALEZA EN LAS PRINCIPALES
CATÁSTROFES DE LOS ÚLTIMOS AÑOS**

Diciembre de 2004: seísmo en Sumatra de 9,1 grados –más de 280.000 fallecidos.

Agosto de 2005: huracán *Katrina* –1.833 fallecidos.

Octubre de 2005: seísmo en Cachemira de 7,6 grados –86.000 fallecidos.

Mayo de 2008: ciclón en Birmania –150.000 fallecidos.

Mayo de 2008: seísmo en China de 7,9 grados –69.000 fallecidos.

Enero de 2010: seísmo en Haití de 7,3 grados –más de 300.000 fallecidos.

Enero de 2011: seísmo en Japón de 9,0 grados –más de 20.000 fallecidos.

Posibles causas de inhabitabilidad

Además de la posibilidad que acabo de apuntar –la desaparición del campo magnético de la Tierra supondría el fin de la vida en nuestro mundo–, veamos otros fenómenos que también podrían obligar a desalojar el planeta.

Radiactividad generalizada

El conjunto del planeta podría padecer una contaminación radiactiva insoportable para el ser humano, lo que obedecería a dos posibles causas: accidentes nucleares en cadena o una conflagración bélica a gran escala en la que se usase armamento nuclear.

Hay catástrofes naturales que pueden tener, y han tenido ya, un impacto sobre las centrales nucleares. En el caso de Fukushima, trescientas toneladas de agua contaminada radiactivamente siguen vertiéndose al mar a diario en el momento de escribir estas líneas (los reactores siguen «regándose» para evitar que se sobrecalienten a causa del combustible fundido que hay en su interior, y ese agua acaba en el mar). Al parecer, todo el océano Pacífico se ha visto ya contaminado como consecuencia de ello, y la situación está empeorando. Los niveles de radiactividad están muy por encima de lo que se considera peligroso para el ser humano y cabe esperar que la gente enferme cada vez más. ¿Te sorprende enterarte por medio de este libro? Puede tener que ver con ello el hecho de que TEPCO, propietaria de la central de Fukushima, sea la tercera compañía eléctrica más grande del mundo. Alguna capacidad de influencia debe de tener sobre las agencias de noticias y los gobiernos... Si indagas un poco por Internet, podrás leer acerca del impacto del accidente de Fukushima, que constituye el mayor desastre medioambiental que haya afectado nunca a la humanidad actual, hasta ahora.

A raíz de una incidencia importante de terremotos, tsunamis y erupciones volcánicas podrían verse afectadas muchas más centrales nucleares, que incluso podrían explotar en cadena. De hecho, ni siquiera haría falta esto: una tormenta solar lo suficientemente potente como para provocar el colapso de los sistemas eléctricos haría que los reactores de las centrales nucleares no pudiesen verse controlados ni refrigerados, lo cual conduciría a su sobrecalentamiento y posterior explosión.

La otra posible causa por la que podría tener lugar una contaminación radiactiva generalizada sería una guerra global en la que se usasen armas nucleares, una posibilidad no tan remota en estos momentos en que crecen las tensiones entre Estados Unidos y Rusia a raíz de la guerra de Siria, y también entre Estados Unidos y Corea del Norte (en el momento de escribir estas líneas, la posibilidad de un conflicto nuclear entre estas dos potencias está empezando a vislumbrarse).

Tuve un sueño que podría estar relacionado con los efectos de la radiactividad sobre el ser humano. Iba la gente pálida, aturdida y desesperada por la calle, vomitando por todos lados. Yo estaba bien; observaba todo aquello e intentaba evitar los charcos de vómito mientras iba caminando.

En otra ocasión soñé que me habían enseñado a conducir autocares y que estaba al volante de uno, que era una nave espacial en realidad. No dominaba bien el juego de pedales y me angustiaba, pero alguien que estaba a mi lado me decía: «Vas bien, vas bien». Los pasajeros estaban mareados y vomitaban, y yo pensaba: «Pero ¿qué le pasa a esta gente? ¡Ojalá no me salpiquen!».

El impacto de uno o más meteoritos

De vez en cuando hay meteoritos que se acercan peligrosamente a la Tierra y algunos llegan a impactar, como ya ha ocurrido a lo largo de la historia del planeta. Esta posibilidad se ve acentuada por el hecho de que la órbita terrestre podría llegar a cruzarse con la del cinturón de asteroides. Si esto ocurriese, recibiríamos fácilmente el impacto de un meteorito... o varios.

LA TIERRA, EL CINTURÓN DE ASTEROIDES Y LAS DINÁMICAS CÓSMICAS

El cinturón de asteroides son los restos de un antiguo planeta que, actualmente, orbitan entre Marte y Júpiter. El cinturón está pues alejado de la Tierra en estos momentos, pero no podemos dar nada por sentado.

Recordemos que somos representantes de nuestros hermanos cósmicos y nuestras familias cósmicas, y esto hace que tengamos el poder de ejercer un impacto sobre el universo en general. Puedes pensar en la Tierra como en el centro de un reloj: cualquier pequeño movimiento que se produzca en el centro tendrá una gran repercusión en el extremo de las manecillas. Es el efecto mariposa del que hablaba anteriormente. Esto significa que los cambios de conciencia, actitud y comportamiento de los seres humanos tienen un gran impacto en la conciencia cósmica y, como consecuencia, en las dinámicas físicas del universo: en efecto, ahí fuera todo se expande y se contrae según la vibración que creamos entre todos.

Por ello, no podemos considerar que las órbitas sean inmutables. De hecho, el sistema solar no permanece siempre en el mismo lugar sino que está viajando por el universo. Nos vemos continuamente propulsados por el cosmos, y en nuestro recorrido nos acercamos y alejamos de la influencia de agujeros negros, otros sistemas planetarios, etc. Esto, más lo que el colectivo humano pueda inducir vibratoriamente, puede tener el efecto de hacer bascular la órbita del cinturón de asteroides, lo cual a su vez influiría sobre las órbitas planetarias, a causa del efecto magnético del cambio de rotación.

Un meteorito puede estrellarse en el sentido contrario a la rotación de la Tierra, como vimos que ocurrió cuando desapareció la Atlántida, o en el mismo sentido de la rotación. En el primer caso, si el meteorito es lo suficientemente grande, puede llegar a detener el giro del planeta y desactivar temporalmente el campo magnético que ocasiona la gravedad, como veíamos en el capítulo 1. En el segundo caso, la rotación aceleraría, lo cual provocaría perturbaciones en el campo magnético. En ambos casos habría maremotos y se generaría una gran nube de polvo y agua alrededor del planeta. El polvo evitaría el paso de los rayos solares durante largo tiempo (en la Atlántida, hubo cuarenta días y cuarenta noches de oscuridad total, y los materiales no se precipitaron sobre la superficie terrestre hasta transcurridos dos años), el planeta se enfriaría y sobrevendría una nueva edad de hielo.

Si el meteorito no fuese tan grande como el que cayó en la Atlántida, las aguas oceánicas podrían elevarse unos doscientos metros por encima del nivel del mar. Esto, en combinación con el lodo que se generaría, borraría del mapa todo lo que hubiese en las zonas afectadas. Sería un acontecimiento impactante, pero no tanto como el anteriormente citado.

La explosión de una estrella

Tal como se explica en el documental *Las 7 señales del Apocalipsis*, los rayos solares también podrían ver bloqueada su llegada a nuestro planeta a causa de una emisión de rayos gamma provocada por una supernova (es decir, la explosión de una estrella gigantesca). Cuando tiene lugar este evento cósmico, nada puede sobrevivir en un radio de mil años luz de la explosión. No se producen supernovas lo suficientemente cerca de nuestro planeta como para destruirlo, pero la radiación de las explosiones de rayos gamma que se forman incluso a varios miles de años luz también podría devastar la Tierra. Y a ocho mil años luz de distancia de nuestro mundo se encuentra la estrella WR104, que está llegando al final de su vida y podría explotar en cualquier momento. Está lo suficientemente cerca como para que la lluvia de rayos gamma alcance la Tierra, en cuyo caso podría alterar la química de nuestra atmósfera y crear una gruesa capa de color marrón rojizo de niebla tóxica que bloquearía la luz solar y haría bajar la temperatura del planeta, lo cual podría provocar una nueva edad de hielo.

De hecho, incluso es posible que la estrella WR104 ya haya estallado y no nos hayamos dado cuenta. ¿Cuándo lo sabremos? Cuando lleguen aquí los rayos gamma procedentes de ella. Este tipo de rayos se desplazan a la velocidad de la luz, por lo que los rayos de luz que nos permitirían ver la explosión no llegarían antes que ellos, sino en el mismo momento. Así pues, no podemos prever el día ni la hora en que se podría manifestar esta amenaza.

El nacimiento de un nuevo planeta

Los planetas del sistema solar han surgido del Sol, y resulta que nuestra estrella va a producir un nuevo astro. Por decirlo de algún modo, podríamos considerar que nuestra madre planetaria está «embarazada» y que va a «dar a luz». Cuando ocurra esto, el nuevo planeta quedará ubicado en la primera órbita, actualmente ocupada por Mercurio, lo cual hará que el resto de los planetas sean despedidos a la órbita siguiente. Naturalmente, la Tierra se alejará más del Sol, pues pasará a ocupar la órbita de Marte, con lo cual se congelará. Si todo esto ocurriese próximamente, coincidiendo con la transición que está haciendo la humanidad a la edad dorada, no podríamos sobrevivir a ella. Tendría que producirse una evacuación planetaria.

La ayuda de los Hermanos Cósmicos en medio de las grandes dificultades

Nuestros hermanos cósmicos tienen instrucciones de no interferir en los asuntos humanos. Deben respetar nuestro libre albedrío. Ahora bien, nunca permitirán que la humanidad desaparezca porque algún gobernante sobreexcitado decida usar armamento nuclear o lance un misil sobre una central nuclear, lo que podría dar lugar a explosiones en cadena entre varias centrales. Por ejemplo, en el litoral español hay varias centrales nucleares, y si explotasen en cadena, la Tierra literalmente se partiría en dos. Los extraterrestres ya han desviado algún misil que suponía un peligro para el colectivo humano. Solo intervienen en caso de extrema emergencia.

Además, están preparados para el momento en que sea imprescindible llevar a cabo una evacuación planetaria, independientemente de la causa. Ya tienen el planeta rodeado, y están prestos a bajar en cuanto sea necesario. En caso de tener que producirse, la evacuación tendrá lugar en cuestión de segundos. ¿Cómo se efectuará, si es el caso? Vendrán a buscarnos en sus naves. Como he indicado en otras partes del libro, formamos familias cósmicas con ellos, de modo que vendrán, buscarán cada uno a sus familiares correspondientes y nos recogerán para llevarnos al nuevo paraíso, a través de portales dimensionales, posiblemente. Si ocurre esto, habrá una diferencia según si ha habido tiempo o no de culminar el proceso de autoselección: si este proceso se ha completado, llegarán al nuevo mundo, exclusivamente, las personas que vibren en el amor incondicional.

En los momentos delicados previos a la posible evacuación, nuestros hermanos cósmicos realizarán un trabajo de protección del planeta Tierra y sus habitantes. Si tiene que producirse la evacuación, crearán una burbuja multidimensional para que pueda llevarse a cabo la transición. En su interior, el ser humano experimentará una especie de «evolución exprés»: para poder sobrevivir en este contexto, tendrá que contar con una menor densidad, para lo cual será necesario que eleve su frecuencia. Con esta vibración más alta se despertarán sus capacidades latentes (la telepatía y otras). De esta manera, si se da este escenario, llegará al nuevo mundo una nueva versión del ser humano, más elevado.

Cambios de paraíso

Somos unos privilegiados que hemos venido para vivir la experiencia de la elevación de la raza humana, que ya terminó su ciclo. Y a la nueva raza le corresponderá habitar en un nuevo paraíso, como he estado indicando. ¿Dónde? ¿Recuperará su carácter de paraíso el planeta Tierra? ¿O se trasladará a la humanidad a un nuevo mundo? En cualquiera de los casos, ¿por qué vale la pena cualificarse? Porque los paraísos ofrecen un contexto especialmente favorable para la evolución. ¡Una gran belleza y un gran impulso evolutivo, todo en uno!

Estamos en este planeta tan extraordinariamente hermoso de forma voluntaria, ya que es el lugar del universo donde podemos pagar más rápidamente nuestro karma. Pero no hemos venido a hacerlo con sufrimiento; solamente sufrimos si hemos olvidado lo que hemos venido a hacer. Es como cuando vamos a un parque de atracciones y elegimos subirnos a una atracción vertiginosa. ¿Te imaginas ahí montado y haber olvidado que elegiste subirte? ¡Sin duda vas a sufrir en ese viaje! En cambio, si sabes que esa fue tu elección, lo pasarás bien en medio de esas emociones fuertes. Otras personas eligen atracciones más suaves... Otras prefieren estar en una playa paradisíaca, descansar y no tener demasiadas complicaciones... A otras les gusta la aventura y se van a la jungla a explorar lo desconocido... Es como irse de vacaciones, realmente, unas vacaciones en las que experimentamos, aprendemos y evolucionamos.

El problema es que olvidamos quiénes somos, dónde estamos y qué hemos venido a hacer. Desde esta ignorancia creamos más karma estando aquí. Es como utilizar mal las vacaciones y acabar en peor estado que cuando las empezamos. Para tener unas «vacaciones» reparadoras y que sirvan mejor a nuestra evolución, debemos practicar el servicio con amor. ¡Para esto hemos venido!

Esta es la función de los paraísos. Ya estuvimos en otros antes. El primer paraíso que habitamos en este sistema solar fue Neptuno. El siguiente, Venus, y a continuación pasamos a habitar en la Tierra.

Por supuesto, Neptuno sería absolutamente inhabitable en la actualidad. ¡Sus temperaturas no suben por encima de los doscientos grados centígrados bajo cero! Sin embargo, cuando fue un paraíso, se encontraba en una órbita habitable para el ser humano. Posteriormente, a medida que fueron naciendo otros planetas, su órbita se fue alejando. Neptuno es un gran planeta, mucho mayor que la Tierra; y, en consonancia con ello, sus habitantes eran mucho más voluminosos que los que pueblan nuestro mundo. Los seres humanos eran más grandes que los actuales miembros de nuestra especie, y fueron oriundos de allí los dinosaurios y el misterioso ser conocido como *Big Foot*, por ejemplo.

Cuando Neptuno dejó de ser habitable, tuvo lugar una evacuación planetaria y trasladaron al ser humano, junto con otras formas de vida, a Venus. Por las características de este planeta, los habitantes no se adaptaron bien, por lo que fueron trasladados finalmente a la Tierra, que estaba ya en la órbita actual, cuando sus condiciones pasaron a ser las idóneas para albergar la vida. Venus era un paraíso precioso, pero duró poco tiempo. Las formas de vida de color amarillo (como las flores amarillas y las abejas) vienen directamente de ahí.

PELÍCULAS PRÓXIMAS A REALIDADES

Hermanos cósmicos, catástrofes planetarias, evacuaciones en masa, paraísos alternativos... Esto y más cosas que he mencionado pueden parecer sacados del guion de una película inverosímil, pero... ¿cuántas veces hemos visto que lo que se manifestaba como fantasía o ciencia ficción en una película se ha acabado haciendo realidad (aunque tal vez no exactamente)? Podemos ir un poco más lejos y plantearnos: ¿quiénes escriben estos guiones? ¿Y con qué propósito? De hecho, ¿no es mucho más fácil transmitir mensajes a la humanidad a través de lo que es, presuntamente, ciencia ficción en lugar de que baje una nave espacial de la que salga un extraterrestre y empiece a dar informaciones?

De modo que se hacen películas, se escriben libros..., se disfrazan las verdades como entretenimiento y diversión, para que empecemos a abrirnos a estos temas y a pensar en ellos. De este modo, cuando llegue el momento en que nuestros hermanos cósmicos bajen para proceder a la evacuación, podremos aceptarlo. A los seres humanos que hayan logrado recordar quiénes son realmente, incluso les resultarán familiares los extraterrestres que acudan: recordarán que tiempo atrás ellos mismos fueron esos seres (pues no existen el pasado ni el futuro, sino que está sucediendo todo a la vez, en el mismo momento).

Estos son ejemplos de películas que me han impactado y que aportan un mensaje a la humanidad (aunque no sé hasta qué punto eran conscientes, sus guionistas, de estar reflejando algo muy próximo a la realidad): *Contact* (me impresionó mucho; ¡la vi unas diez veces!), *Star Trek, La guerra de las galaxias* (¡las guerras interplanetarias existen realmente!), *Matrix, Interestelar, Dr. Strange, El sexto sentido, Nuestro hogar, El planeta libre (La belle verte), Más allá de los sueños, La quinta ola* y *Ellos viven.*

Acudamos a ver este tipo de películas con la mente abierta pero, a la vez, aplicando nuestro propio discernimiento. Que cada cual lleve a cabo su propia investigación.

Cuando no ocurre lo predicho

Cuando alguien aporta este tipo de mensajes, lo primero que dicen todos es que eso es mentira. Y hay muchos que exclaman: «¡Qué ganas de asustar, de crear dramatismo y alarmismo!». Pero, según mi criterio, más vale ser alarmista consciente que conformista... muerto.

Normalmente, cuando tiene lugar un acontecimiento de alcance planetario (ya sea un cataclismo natural o provocado por el hombre), todo ocurre tan deprisa, y habitualmente de forma tan inesperada, que la humanidad queda en estado de *shock*. No hay tiempo para pensar ni capacidad de reacción en esos momentos. Este es el sentido de mandar avisos con antelación. Ahora bien, ¿qué hace la gente cuando los recibe? Lo mismo que hizo cuando Paco Rabanne lanzó sus predicciones en 1999, o cuando otros visionarios nos alertan: no creérselo, no prepararse, no reflexionar acerca del porqué de esa información.

No es que todos esos emisarios, mensajeros o visionarios estuvieran equivocados. Pero debe tenerse en cuenta que hay personas en todo el mundo que están trabajando continuamente para elevar la frecuencia general, para proteger la Tierra, para equilibrar la energía a escala planetaria y cósmica. Estas personas, que a veces se organizan en grupos, están atentas a las predicciones con el fin de transmutar la situación y que se produzca otro resultado. Esto hace que los sucesos vislumbrados cambien o se aligeren, de modo que el impacto no es tan grande o evidente. Y lo que sea que ocurra, la gente no lo asocia con la predicción que se lanzó. Puesto que la naturaleza del ser humano es desconfiar, como no se materializó la profecía, la gente se burla del emisario y de su mensaje y desconfía más. Sin embargo, como dijo Jesús, «quien tenga oídos para oír que oiga»... y según su nivel de conciencia actuará.

> Aquellos que eran vistos bailando eran considerados locos por quienes no podían escuchar la música.
>
> **Friedrich Nietzsche**

Cuando una predicción no se cumple, en lugar de reírse de la persona que la ha formulado, acusarla de manipulación o sentirse decepcionado (hay individuos a los que les habría gustado que eso se hubiese manifestado), lo primero que hay que hacer es dar las gracias y sentirse feliz porque no haya ocurrido nada (o porque solamente haya pasado algo muy leve). A continuación, hay que estar preparado para la próxima. Cuando se supera una prueba, se puede disfrutar de un tiempo de calma y paz, pero vendrán más retos. Porque estamos en continua evolución y en constante movimiento por el cosmos y nuestra conciencia está cambiando sin cesar. Por eso, nos encontramos con problemas distintos en cada época y debemos estar preparados para cuando se presenten.

Cuando una persona se atreve a dar su mensaje aun sabiendo cómo reacciona la psicología humana, no lo hace con el fin de manipular, tomar el pelo o divertirse. Lo hace porque siente que esa es su misión, con total desapego al resultado y desde el amor incondicional. Esa persona está dispuesta a ser objeto de humillación, burlas, críticas, juicios y prejuicios. No se detiene ante ello, porque de alguna manera está dotada de una fortaleza espiritual que la sostiene y le hace tener una confianza total en sí misma. Sencillamente, comunicará lo que deba transmitir, y esperará que los demás tengan el corazón, la mente y las manos abiertos para poder actuar con conciencia en el caso de que eso, o algo semejante, se materialice.

Hay algo que complica el panorama, y son los individuos ambiciosos que escuchan o leen un mensaje y le dan su propia interpretación, con lo cual lo manipulan. Esto ha ocurrido por ejemplo con las predicciones de Fátima. El texto original no ocupa más de una página, pero hay quienes la acaban convirtiendo en cinco; de ese modo, la esencia y la intención del mensaje quedaron desvirtuadas. Esto incrementa la confusión entre la gente y, de resultas de ello, el escepticismo general.

Son momentos de escuchar, atender y observar, porque el planeta Tierra nos está dando muchos motivos para que pensemos que algo especial está sucediendo. Si, además, estudiamos los textos sagrados, los mensajes de nuestros ancestros y profecías como las de Nostradamus, y si prestamos atención a los ciclos de la Tierra dentro del cosmos, veremos que todo se repite y que tienen lugar acontecimientos de gran envergadura en las fases de transición.

A medida que las circunstancias se vayan agravando, no será un solo individuo el que reciba la información, sino que habrá varias personas en el mundo a las que les llegue a la vez. Esto ya está empezando a ocurrir. No obstante, si todas esas personas no dicen su verdad por miedo a recibir burlas, críticas o incluso ataques, no llegarán a saber unas de otras ni a unirse para darle más fuerza a su mensaje. Hay que tener mucho valor para hablar, para alertar y advertir, para expresarse sin miedo alguno.

Muchos estamos trabajando para que el cambio de ciclo tenga lugar como un proceso armonioso y para que aflore el amor como el sentimiento predominante en este período de cambio. Estamos recibiendo mucha ayuda multidimensional para que esto pueda suceder. Siempre nos asisten y nos guían cuando tenemos necesidad de ello. Ahora bien, «los de arriba» no se molestan en transmitir mensajes para que caigan en saco roto. Se necesita que haya seres humanos conscientes y receptivos, canales tan puros como sea posible, que no distorsionen la información y que puedan transmitirla de forma creíble. En este sentido, es muy importante que los mensajeros tengan un comportamiento que sea coherente con lo que anuncian.

De cualquier forma, no es posible dar un mensaje que sea bien recibido por todo el mundo. Basta con que lo asimile una masa crítica suficiente para que llegue al resto de las personas, influidas por esa frecuencia. Para lograr esta masa crítica, debe haber suficientes oídos, mentes y corazones limpios; seres humanos que sepan percibir la esencia del mensaje que se les brinda y estén dispuestos a actuar desde la calma a partir de él. Estas personas, si realmente son conscientes, no caerán en el melodrama ni sembrarán la confusión y el pánico entre los seres humanos que no estén preparados para recibir este tipo de impactos. Solamente comunicarán el mensaje sin contemplaciones en el caso de que no haya otro remedio a causa de la inminencia de lo que esté por acontecer.

Cada vez es más necesario y urgente que el ser humano despierte; es algo cada vez más obvio. ¿Vamos a permitir que sea necesario un cataclismo, natural o por obra del ser humano, para que la gente expanda su amor y su conciencia con el fin de transmutar acontecimientos aún más graves, para que estos se atenúen o desaparezcan del programa? El cambio, el paso a una nueva humanidad, va a tener lugar ineludiblemente. Ahora bien, ¿cómo van a desarrollarse los acontecimientos concretamente? Somos nosotros, como colectivo, quienes elegimos cómo va a producirse el cambio.

¡Despertémonos, seres humanos, que ya ha llegado la hora!

Capítulo 9

Nuestras mayores capacidades

Avisos

L a Tierra está mandando avisos. Es como si dijese: «Voy a ir creando pequeños cataclismos; a ver qué hacen los humanos frente a un tifón, un huracán, un terremoto, un tsunami. A ver cómo reaccionan ante un gran socavón que de repente se abre en la tierra...». No puede ocurrir todo de golpe, porque en este caso se desencadenaría el pánico y habría un gran caos. Pero nos aguardan fenómenos de mucho calado.

Está profetizado que vamos a vivir cuarenta días y cuarenta noches de oscuridad; incluso las predicciones de Fátima hablan de esto. A ello le seguirán nueve días y nueve noches de lluvia. A continuación está previsto que ocurra un acontecimiento definitivo: aquel que dará lugar a la nueva Tierra, o bien que la convertirá en inhabitable (según lo que expuse en el capítulo anterior). Hasta que llegue ese momento, tenemos que tratar de sobrevivir a cualquier otro tipo de evento de carácter catastrófico que pueda acontecer.

Nuestros hermanos cósmicos intervendrán durante ese período de total oscuridad para proteger la Tierra y auxiliarnos, así que no tenemos nada que temer. Centrémonos en nuestra tarea, que consiste en cualificarnos y, con ello, promover la evolución de la especie humana. Con la ayuda de la meditación, estemos en calma y en paz. Permanezcamos en estado de alerta, preparados. Y tengamos la disponibilidad y la voluntad de ayudar a los seres humanos que puedan necesitarlo.

La principal protección: el amor

Cualificarse es despertar al amor incondicional. El amor es la mayor protección, aparte de la que puedan brindarnos nuestros hermanos cósmicos. Cuando respiramos con conciencia y sintiendo amor incondicional, y cuando expandimos la vibración del amor a través de la meditación, los buenos pensamientos y las buenas obras, nuestro cuarto chakra gira con mayor rapidez, lo cual fortalece nuestro campo magnético. A continuación, el resto de los chakras giran al unísono y este campo se expande en amor.

La persona que vive con miedo tiene un campo magnético débil y es vulnerable. Esa persona se convierte fácilmente en marioneta, y es muy probable que se infecte, que enferme y que tenga cambios de carácter. Sin embargo, quien vive en el amor no tiene ningún tipo de miedo, con lo cual su campo magnético está firme y compacto y le protege a todos los niveles, ya que un campo magnético fortalecido por el amor tiene un efecto protector desde el punto de vista energético. Por ejemplo, si alguien está pensando mal de esa persona, eso no la va a afectar ni infectar.

El campo magnético de quien vive en el amor se expande de forma natural y es capaz de cubrir y proteger a las personas cercanas que estén en sintonía con esa conciencia. Además, este campo se une a otros campos magnéticos afines. Esto es muy útil en el caso de que ocurran catástrofes. Porque cuando tiene lugar un evento de tipo catastrófico, ¿qué se genera normalmente? Pánico y miedo. Se desencadena una especie de psicosis colectiva que tiene el efecto de debilitar el campo magnético del ser humano y de una parte del planeta. Esto significa que no se cuenta con la protección que ofrece el campo magnético planetario en toda la zona afectada por la psicosis. En estas circunstancias, aquellas personas con un campo magnético fuerte y expandido, unidas por la conciencia de ser uno, podrán crear una especie de cúpula protectora para ese lugar donde haya sucedido una catástrofe.

En un ámbito aún mayor, si muchos seres humanos fortaleciesen sus campos magnéticos por medio del amor, todos estos campos llegarían a unirse, y se crearía un campo global que se integraría en el campo magnético terrestre, el cual saldría reforzado y pasaría a ofrecer mayor protección. De ese modo, cualquier evento perjudicial que pudiese golpear la Tierra pasaría de largo, o rebotaría contra ese campo. Por eso, aunque el Sol y el desplazamiento del polo magnético estén afectando a dicho campo, nuestro futuro colectivo en el planeta depende, en última instancia, del despertar que experimentemos como humanidad.

Estar bien en los extremos

Hace años tuve un sueño en el cual estaba caminando por una vasta extensión de hielo. Podía ser el Polo Sur, porque había pingüinos. Estaba sorprendida de no sentir frío, pues solo llevaba puesta una camiseta. Y pensaba: «¿Qué hago aquí?». Le comenté este sueño a mi maestro y me dijo:

—El futuro.

—¿El futuro? ¡Qué frío va a hacer! –le respondí.

Antes hemos visto los factores que puede ser que ocasionen una nueva edad de hielo en el planeta: el impacto de un meteorito, la llegada de rayos gamma o el nacimiento de un nuevo planeta. ¿Recuerdas, además, la visión de Joanna en la que se le mostró medio mundo ardiendo y medio mundo congelado?

¿Qué nos tocará experimentar? Posiblemente cada cual vivirá lo que se corresponda con sus mayores temores. ¿Qué es lo que te da más miedo a ti? ¿Morir de frío o de calor? Bueno, ¿qué tal si trascendemos ambas cosas y nos olvidamos de morir por estas causas? Porque si elevamos nuestra frecuencia, nuestra vibración, nuestra conciencia, de modo que vivamos en el amor incondicional, podemos estar en medio de un frío polar y no sentirlo (como he explicado, en mi sueño yo estaba en camiseta, rodeada de hielo). También se puede estar en medio de un calor intenso y no sudar.

En el curso zen enseñamos a entrenar el cuerpo a aguantar el frío y el calor extremos. Quienes asisten a él aprenden a utilizar el sistema nervioso para adaptarse a todas las circunstancias y condiciones con que nos podemos encontrar. Es un entrenamiento en la elevación de la frecuencia que nos permite no tener que sufrir en medio de este tipo de circunstancias adversas, porque trascendemos las limitaciones habituales que experimenta el ser humano.

De un modo u otro, la Tierra debe atravesar por su proceso de transformación, tal como ocurrió en la época que marcó el fin de la Atlántida (la gran mayoría de quienes estamos aquí fuimos atlantes). En medio de esta transformación, las personas que vivan en el amor tendrán una frecuencia más elevada y no deberán experimentar dolor físico. Por lo tanto, si hace un frío o un calor extremo y estamos siendo quienes somos realmente, no sufriremos; no viviremos la experiencia como una catástrofe. Por el contrario, si no nos encontramos en este nivel de conciencia, la Tierra nos tragará, nos quemará o nos congelará. De ahí la necesidad de que el ser humano, realmente, se dé cuenta de que llegó la hora. Es hora de despertar. Es hora de que cada uno sea consciente de quién es. Es hora de que se manifieste ese increíble poder que está dentro de nosotros, más allá de las experiencias de limitación que nos dicta la mente.

Trascender los límites

Los grandes acontecimientos planetarios que nos aguardan pueden verse como una gran oportunidad de despertar a la realidad de lo que somos. Porque ¿cómo podemos saber quiénes somos si no nos enfrentamos a determinados retos, si no hay algo que nos fuerce a descubrir el alcance de nuestras capacidades? El factor clave es cómo nos posicionamos ante los desafíos. Si vivimos las dificultades desde el drama, el conflicto y el miedo, atraeremos el resultado que más tememos.

Por tanto, y para empezar, considera que el futuro no está escrito. Lo cocreamos hoy. Mañana será otro hoy, y lo seguiremos cocreando. Así son las cosas, porque el tiempo no es un fenómeno lineal, sino vertical.

Si, con todo, te encuentras frente a una situación extrema, sitúate en la calma. Contempla el panorama más amplio. Sé consciente de que hay un propósito que es el despertar del ser humano, el ejercicio del amor, la exploración de la propia divinidad gracias a esas circunstancias. Si vives las dificultades desde esta comprensión, sabrás que estás protegido, que vas a salir de ello, porque el universo contará contigo para que ayudes a los demás. En esos momentos le darás la mano a quien lo necesite, salvarás vidas...

Así pues, puedes encontrarte en medio de un terremoto y vivirlo con un estado de conciencia en que entiendas lo que está sucediendo. Es semejante a la actitud que tiene la mujer que está de parto: experimenta un gran dolor, un terremoto interior, pero hace el esfuerzo con la comprensión de que es necesario para que pueda nacer su hijo. Tiene muy claro cuál es el propósito, y esto le otorga otra dimensión a su experiencia.

Existe el caso real de una mujer que atropelló a un niño pequeño con su coche. Salió del vehículo y vio que el niño estaba atrapado debajo, de tal manera que había que levantar el automóvil para poder sacarlo. Pues bien, ella logró levantarlo, y alguien aprovechó para sacar al niño. Le hicieron pruebas a esa mujer para intentar determinar el origen de su fuerza, pero no hubo manera de que repitiese, ni remotamente, una hazaña equivalente. Los científicos no pudieron hallar una explicación a lo ocurrido.

Una pareja me explicó que tuvo la experiencia de que se les cruzó en la autopista un camión cuyo conductor perdió el control. El choque parecía inevitable, pero los dos estaban en conciencia y exclamaron «¡noooooo!» con todas sus fuerzas, negándose a aceptar la experiencia. ¡Ocurrió que de repente aparecieron al otro lado del camión! Es decir, dieron literalmente un salto en el tiempo y en el espacio.

Y es que en momentos de extrema necesidad el ser humano desarrolla altas capacidades físicas y psíquicas que antes pensaba que no tenía. Por eso es conveniente salir de la zona de confort. Cuando somos llevados al extremo, es siempre con un propósito. Se puede sacar algo positivo de todo lo que es aparentemente perjudicial. Hay muchas personas que aseguran que gracias al accidente que sufrieron, o a su cáncer, o a su separación, o al incendio que hubo en su casa, etc., experimentaron un cambio interno muy importante, con unas repercusiones muy positivas en las circunstancias de sus vidas. Así es como el mismo proceso de transformación de la Tierra, con sus perturbaciones asociadas, impulsa la transformación de la humanidad en general.

¿Te sorprendió el caso de la pareja que pasó al otro lado del camión? Este poder lo tenemos claramente en nuestros sueños, en los que basta con que neguemos la presencia de un monstruo para que este desaparezca, y también en el estado de vigilia, como veíamos en el capítulo 2. El poder que tienes está más allá de lo que tu mente puede concebir. ¿Por qué no considerar que el estado de vigilia es el sueño y que el sueño es la realidad? Dale la vuelta a tu comprensión de esta manera y aprende a manejar, así, tus circunstancias, conscientemente, sabiendo que eres poderoso. Eso sí, parte siempre de una buena intención. No pretendas nunca manipular a los demás, ni seas ambicioso, ni aspires a ser reconocido, pues todo esto son comportamientos egoicos, antievolutivos.

Toma conciencia del poder de tus pensamientos y **de tu** palabra. Puedes crear todo aquello que seas capaz de imaginar. Y cuesta el mismo esfuerzo tener creencias positivas que negativas. Así pues, ¿por qué no optar por lo positivo? Ya nos hemos centrado mucho en lo negativo; ya nos **hemos** saboteado lo suficiente, no solo en esta vida, sino también a lo largo de las eras en que se ha desarrollado nuestra existencia. ¡Es hora de darle la vuelta a esta dinámica! Para **ello,** aprovechemos todas las oportunidades; saquemos el **máximo** partido posible de cualquier circunstancia que podamos pensar que es problemática o conflictiva. ¡Cambiemos **eso!**; convirtámoslo en un aprendizaje o en un motivo para **manifestar** nuestro verdadero Ser.

Todos para todos

No hay que tener miedo. Lo que tenga que ocurrir **será** maravilloso, y hemos elegido estar aquí para vivir este **proceso.** Muchas almas no han tenido la oportunidad y darían lo que fuera por tenerla. Así que hemos de sentirnos enormemente privilegiados por estar aquí en estos tiempos.

Muchos de los humanos que habitan la Tierra están **recordando** quiénes son. También los hay que han venido **como** voluntarios para acompañar y ayudar a quienes están **despertando.** Asimismo, están los que han acudido a recordar a estos últimos por qué están aquí, por medio de «darles una colleja» si es necesario. E incluso están los que han venido a darles una colleja a estos últimos si también olvidan su **propósito.** Y así sucesivamente. El resultado es que somos **muchos** quienes estamos empezando a recordar, a hablar y a **hacer** partícipes a los demás de esto.

Es un momento maravilloso para que, como humanidad, nos amemos de verdad, sea cual sea el color de nuestra piel, sea cual sea el idioma que hablemos. Fijémonos en cómo se comunican los niños pequeños entre sí, aunque sean de países diferentes. En realidad, los conceptos de *mi país*, *mi tierra*, *mi pueblo* y *mi familia* no tienen sentido. Somos una gran familia que está reencontrándose. En la quinta dimensión y más allá, todos somos uno y sabemos que lo somos; solo nos distinguimos por el hecho de que compartimos desde distintas conciencias. Ha llegado el momento de que nos demos la mano. Porque si de repente el mundo se tambalea, necesitamos unirnos en fuerza y trabajar juntos con el alma grupal vibrando en amor. Esto es lo que puede cambiar y transformar la frecuencia de destrucción.

No te centres en lo que puedas perder y enfócate en lo que hay por ganar. Piensa en lo que sucederá con tu cuerpo físico y con el personaje que has traído a este mundo, que crees que es distinto del resto del universo. Al final te conviertes en un puñado de polvo, así que lo que es tu vida física (la cual incluye tus pertenencias, tu ego, tu nombre, tu reputación...) no es en sí relevante. Si acabas por perderlo todo, incluida tu vida, no pasa nada. Tu parte grandiosa es el constituyente eterno que es tu alma, y lo que te vas a llevar como fruto evolutivo será lo que hayas dado y amado en este mundo. Porque el resto se pierde; no te lo puedes llevar a ningún sitio.

Así pues, aprovecha todas las oportunidades que se te brinden para entregarte a los demás, para servir a partir del amor incondicional. Para *ser auténtico*, en dos palabras. El verdadero significado de una persona auténtica es alguien que conoce su esencia y practica el servicio con amor. Siente y actúa así y estarás creando una alta vibración y generando una alta evolución no solo para ti sino también para el conjunto de la especie humana, para la Tierra, para el sistema solar y para el cosmos. No pierdas la oportunidad de ser tú, de ser auténtico, de vivir la versión más elevada de quien eres realmente en todas las circunstancias que se presenten.

Algo que quizá te frene en esta aspiración es el miedo que puedas tener a lo que le ocurra a tu familia. ¿Tal vez temas no estar junto a tus seres queridos en los momentos decisivos? Si vives en el amor, ellos están bajo tu protección. Si creen en ti, os encontraréis, y si no creen en ti, es porque han elegido otro destino. En cualquier caso, amplía tu noción de *familia*. Todos los seres humanos son tus hermanos, todos los hijos son tus hijos. Y proponte ayudar a quien sea que lo necesite llegado el momento. Estarás en disposición de hacerlo siempre que estés en paz, sereno. Y recuerda esto: cuando uno permanece en la vibración del servicio con amor, cuenta con un apoyo espiritual increíble. En el momento en que te ofreces a tus hermanos, ya tienes la ayuda; dispondrás siempre de todo lo que necesites en cada circunstancia. Nuestros hermanos cósmicos están prestos a servirnos, y descubrirás, en vivo y en directo, cómo tiene lugar nuestra interacción con ellos.

La ayuda a los humanos y a los extraterrestres desencarnados

Se acercan a la Tierra muchos extraterrestres desencarnados que buscan llegar a su destino y no saben cómo hacerlo. Son conscientes de que este es un lugar de alta evolución, a pesar de la gran densidad que se vive en él. Saben que este planeta y sus habitantes van a transformarse y ellos también quieren formar parte de lo que se ha llamado *la ascensión*, el cambio que va a llevarnos a una edad dorada. Vienen a buscar ayuda, quieren ser elevados.

Sin embargo, también perciben las alteraciones planetarias y lo que ello implica. Son conscientes de que la Tierra podría dejar de albergar vida humana y que, si eso sucediese, quedarían atrapados en su campo magnético, pues no habría seres humanos con altas capacidades que podrían ayudarlos. Y en el caso hipotético de que nuestro planeta chocase contra meteoritos importantes y acabase convertido en otro cinturón de asteroides, quedarían flotando en esa órbita. Por este motivo están muy nerviosos; y no solo ellos, sino también los habitantes intraterrenos y los desencarnados humanos que tampoco han podido ir a su destino.

Quienes tenemos la capacidad de elevar a las almas vamos a estar muy solicitados si las condiciones del planeta empeoran. Debemos conservar la paz y la tranquilidad interior y permanecer muy conscientes. Solo de ese modo podremos encaminar a estas almas a su destino, actuando desde la humildad, la bondad y el amor incondicional. No es algo difícil de lograr para quienes tenemos esa capacidad; algunos hemos realizado ya este trabajo en muchas ocasiones.

No solo las almas desencarnadas están nerviosas; el ser humano también está inquieto. Tiene bajones anímicos, depresión y un sentimiento de urgencia, porque sabe, en lo más profundo, que va a suceder algo, aunque desconoce lo que es. Son momentos para la introspección, para buscar la calma y la paz, pero también para estar preparados y muy alerta ante lo que pueda ocurrir.

Capítulo **10**

Estar preparados

¿Y si mañana...?

Cuando recibimos los mensajes relativos a lo que puede ocurrir en la Tierra, no nos conviene quedarnos sentados a esperar a ver qué pasa. En lugar de ello, tenemos que estar preparados, para que los acontecimientos no nos pillen desprevenidos.

Los mormones cuentan con lugares debajo de la tierra en los que podrían sobrevivir durante dos años. La suya es un ejemplo de religión que advierte a sus fieles de graves acontecimientos planetarios y los insta a estar preparados. El hecho de que haya religiones que incluyan conocimientos acerca de este tipo de eventos debería hacernos reflexionar. ¿No es un motivo más para que nos tomemos en serio las advertencias?

Justo al día siguiente de aquella conexión que tuvo Joanna en la que me dijo que no quedaba tiempo, acudió una mujer a mi consulta que me dio el mismo mensaje de que «no hay tiempo». Así pues, ¡apresurémonos hacia donde tenemos que ir! Como decía mi maestro: «¿Estáis preparados? ¿Y si pasa mañana?». Siempre tenemos que estar generando la vibración de que estamos preparados. No solo en el ámbito espiritual, sino también en el terreno práctico.

Debemos prepararnos con la idea de que eso nos aporte paz. Si lo hacemos así, alejamos la posibilidad de que ocurra la catástrofe. En cambio, si no nos preparamos pero tememos que ocurra, o si nos preparamos muy bien pero lo hacemos desde el miedo, lo que estamos haciendo es atraerla. La preparación tiene la vibración de la paz cuando no tenemos miedo ni nos motiva el egoísmo, sino que estamos desapegados de nosotros mismos y nos mostramos dispuestos a ayudar a quien lo pueda necesitar. Si sucede algo ahí donde nos encontramos, estamos preparados para afrontarlo, y si los acontecimientos se producen en otra parte, podemos derivar hacia ahí las provisiones u otros recursos de los que hayamos hecho acopio. Y si no ocurre nada en ningún sitio, damos las gracias y nos dedicamos a ser felices, pero permanecemos alerta para cuando se produzca el próximo aviso. Esto es vivir conscientemente.

En el capítulo anterior te hablé del fortalecimiento del campo magnético por medio del amor. Algo que ayuda también mucho a cohesionarlo es la conciencia de estar preparado. Cuando una persona se encuentra en un estado de alta evolución y se prepara para lo que pueda ocurrir, genera una vibración de paz y calma dentro de sí. Si permanece en esa paz y esa calma, su sistema nervioso se apacigua y su campo magnético se ve reforzado, con lo cual cuenta con una gran protección energética, de la que pueden beneficiarse también muchas otras personas (y, en última instancia, el planeta).

¿Te lo vas a perder?

En este libro expongo desde lo más suave que puede acontecer hasta lo más perturbador, con el objetivo de que optes por prepararte. Mi intención no es suscitar alarma, generar miedo o crear una psicosis colectiva. ¿De qué serviría eso? Lo que tenga que suceder, sucederá, pero hemos de darnos cuenta de que somos responsables de la magnitud de lo que acontezca, así como de su duración. Nosotros cocreamos la historia de la humanidad. ¿Queremos que todo sea más apacible, que no haya situaciones de mucho sufrimiento? En tal caso, es hora de que aprendamos de nuestros errores y nos unamos, desde la vibración del amor, como la gran familia que somos.

Ante todo, recuerda que estás aquí en estos tiempos porque así lo has decidido. Todos lo hemos decidido, sean cuales sean nuestras circunstancias. Hay personas pobres que han elegido pasar hambre para que tú puedas acercarte y darles de comer, para que seas una mejor versión de quien eres en realidad. Los individuos que elijan sufrir, quemarse, congelarse o desmayarse delante de tus ojos (si es el caso) también te darán la oportunidad de que descubras quién eres realmente, por medio de tu servicio incondicionalmente amoroso. Así pues, debes estarles agradecido. Nada ocurre por casualidad y nadie está haciéndole favores a nadie; nos estamos haciendo, todos, favores a nosotros mismos. Se trata de que des lo mejor de ti, de que utilices el enorme poder que tienes como atlante si surgen grandes problemas en tu ciudad, en tu país o en el mundo, no que te retraigas encogido por el miedo y la angustia.

Mientras tanto, vive el día a día. Permanece en calma a la vez que estás preparado en el aspecto material. Y procura contar con una herramienta práctica para ayudarte a ti mismo y ayudar a los demás a sobrevivir, una herramienta como la que se ofrece en los cursos zen. Lo que está totalmente fuera de lugar en estos tiempos es la actitud típica del ser humano que solo se preocupa de sí mismo y procura sobrevivir aunque sea a costa de los demás. Debemos conservar la conciencia de que si nos preparamos es para vivir, en vivo y en directo, una transición, un parto, que hemos anhelado largamente como humanidad. Nos hemos ofrecido para vivirlo y nos hemos ganado la oportunidad, por lo que somos unos privilegiados, unos elegidos. Debemos ser merecedores del honor que se nos ha otorgado, para lo cual hemos de mostrar un comportamiento que esté en consonancia con ello.

Vamos a vivir la transición, el salto a una nueva humanidad, en esta vida, en estos tiempos, y va a ser algo espectacular, maravilloso, sensacional, a la par que amoroso. Vamos a vivir un acontecimiento de lo más inimaginable, lo nunca visto. Pero hay que sobrevivir para llegar a ser partícipes de este cambio. Para ello no debemos permanecer en modo miedo, sino que debemos descubrir nuestra capacidad de cocreación colectiva y consciente, recuperar la memoria de quienes somos desde la calma y no asustarnos ante los hechos que puedan producirse.

La aportación de la enseñanza zen

En los inicios de mi actividad en Barcelona, una alumna salió de una meditación con los ojos abiertos como platos. Se acercó a mí y me preguntó:

—¿Qué tiene que ver esta enseñanza con el agua?

Me explicó que, en su meditación, el señor fundador de la enseñanza y yo la sacamos del cuerpo y la llevamos a un balcón en el universo desde el cual vio cómo una gran ola cubría la ciudad de Barcelona, de tal modo que solo se veían asomar las construcciones más altas, como las torres de la catedral de la Sagrada Familia. A continuación vio unas luces que emergían del agua —eran los alumnos zen que salían a hacer su trabajo de auxilio—. A raíz de eso comprendí que es muy importante que la enseñanza zen llegue a tantas personas como sea posible, pues nos permite despertar y recuperar nuestro poder. Así, cuando lleguen los momentos críticos, todo será mucho más suave para todo el mundo.

En los cursos zen se fomenta la vibración del amor incondicional y se enseña la respiración con conciencia y una forma de meditación. Todo ello otorga una claridad mental que permite saber qué hacer ante las situaciones que se presenten. Los alumnos zen saben que el amor es su mayor escudo, su mayor protección. A la vez que aportan un beneficio a la humanidad, reciben un impulso muy importante en su evolución.

En el primer nivel de los cursos activamos una capacidad que permite a los alumnos impartir el denominado toque zen de emergencia. Por medio de él podemos ayudar física, mental, emocional y espiritualmente al ser humano cuando está fuera de control y de equilibrio, y también a las personas desmayadas. Con esta herramienta, un único individuo puede ayudar a miles en un solo día. Y esto no es hipotético; es algo que ha tenido lugar en la práctica. Un alumno que había completado el segundo nivel del curso zen estuvo en el tsunami de Indonesia de 2004, en Sri Lanka concretamente. Primero, cuando vio venir la ola, pidió protección mediante la respiración con conciencia. A continuación ayudó a miles de personas que se estaban ahogando, que se habían desmayado o que se veían de algún modo superadas por las circunstancias (golpeadas, doloridas, presas del llanto, angustiadas, asustadas...). El toque zen de emergencia implica dedicar solamente unos segundos a cada persona a la que se desea auxiliar; por eso se puede socorrer a tantas en tan poco tiempo. Ese hombre sobrevivió para contarlo en muchos cursos que he impartido en Barcelona y emocionarnos con su historia.

Si eres alumno zen, contarás con una ventaja adicional, y es que no necesitarás gran cosa para sobrevivir. No tendrás frío ni calor porque utilizarás los «generadores atómicos» que son tus chakras para generar calor o frío en tu cuerpo, según la necesidad. Tampoco precisarás comer ni beber. Pero ten igualmente reservas, para ayudar a quienes no tengan la capacidad de sobrevivir sin alimento y sin bebida.

Ya en estos momentos, y con mayor motivo más adelante, nuestros hermanos cósmicos necesitan conectar con personas que estén en conciencia para poder facilitar información e instrucciones a la humanidad a través de ellas. Obviamente, no van a poder comunicarse con alguien que esté perdido y distraído. Las personas aptas para el contacto deben estar lúcidas y ser capaces de conservar la calma en situaciones adversas, sentándose a meditar en medio de un terremoto, por ejemplo, diciendo: «A la orden, aquí estoy; al servicio, preparado para ayudar». Estas personas serán como faros para las demás; si se desencadena el caos, tal vez serán guiadas por los hermanos cósmicos hasta un lugar seguro, y la gente las seguirá.

Puesto que nuestra enseñanza es de tipo cósmico, nuestros hermanos extraterrestres están muy presentes; nos van dando claves y ayudas. Por ello, puede ser que miles de alumnos zen (los que estén en un nivel idóneo de conciencia y calma) sean elegidos como «mensajeros» para llevar a las masas a lugares seguros y cuenten con ayudas extras para desempeñar este cometido.

Los alumnos zen en general están más preparados de lo que creen. La mayoría de ellos no sabrán lo que da de sí su capacidad ni su conciencia hasta que suceda algo especialmente grave y contundente; será entonces cuando brillen con todos sus colores. De momento, no saben lo que tienen entre manos ni se imaginan todo lo que van a poder hacer, porque todos los «motores» que activarán sus capacidades se pondrán en marcha a partir de la conciencia y la intención que muestren en esos momentos de dificultades especiales. Por eso, si ocurre un acontecimiento grave, ya no será oportuno hablar de niveles; no tendrá sentido referirse al primer nivel (treinta por ciento) y el segundo nivel (sesenta por ciento) de capacidad que se activa en las dos partes del curso zen. En esas circunstancias, si el alumno zen tiene la voluntad de ayudar, si está en paz y confía plenamente en su capacidad, se convertirá en un canal libre y disponible para estar al servicio con amor.

Ayudas y trampas

Si caes en el egoísmo y te encierras en el miedo, atraerás precisamente lo que estés temiendo. En cambio, si permaneces en la vibración del amor incondicional ayudando a los demás, contarás con ayuda —tú y tu familia— en el momento en que la precises. Aparecerá un motorista con su casco, o alguien como salido de la nada que te agarrará de la mano. Podrá muy bien tratarse de un ayudante multidimensional que se ha materializado para la ocasión. O de un hermano del cosmos que te llevará a una nave que ni tan siquiera sabrás que es una nave, y que te conducirá a un lugar seguro, aquel al que estés destinado a ir.

Pero hay otro mensaje importante que debo transmitir: cuidado con las trampas y los engaños. Porque así como hay seres de luz que acuden a ayudar, también hay seres con intenciones menos elevadas que se presentarán para engañarte, tal vez con la finalidad de llevarte a su nave y convertirte en su esclavo. En relación con esto, recuerda lo que decía cuando hablaba de los falsos auxiliadores multidimensionales, al final del capítulo 5: podemos discernir el grano de la paja con nuestro sentir anclado en nuestra alma. Recuerda también que nuestros hermanos cósmicos no necesitan cartel de presentación, pues los reconocemos directamente; solo los impostores afirman que son tal o cual ser.

Tu verdadero hermano cósmico y tú os reconoceréis mutuamente. Y tal vez te invitará a subir a un autobús que no sabrás que es una nave (porque la humanidad, ahora mismo, no está preparada para ver descender naves). Sin embargo, si el ser que se presenta no te inspira toda la confianza, no le sigas a ningún sitio. Y cuando subas al «bus-nave», deberías reconocer a todos quienes están a bordo como familia (entendida en sentido amplio). Si no reconoces a nadie, bájate enseguida.

Capítulo 11

Claves para la supervivencia

¿Nos ha alcanzado el futuro?

Cuando esa alumna zen me preguntó qué tenía que ver nuestra enseñanza con el agua, le dije que la respuesta la tendría en el futuro. Y tal vez estemos ya en el futuro, pues el agua está empezando a causar estragos en muchos lugares en el momento de escribir estas líneas. Así pues, toca estar preparados, en todos los aspectos: mental, emocional, en lo que atañe al sistema nervioso, al cuerpo físico y a los recursos que nos permitan sobrevivir en caso de producirse una situación de emergencia.

¿Y con respecto al alma? Cuando pensamos en prepararnos para el futuro, siempre pensamos en lo físico y en lo material. ¿No debemos prepararnos también en el terreno espiritual?

La energía ya está haciendo su trabajo natural y evolutivo. Esto forma parte del cambio de frecuencia. Como almas, estamos conscientes y el avance evolutivo que experimentaremos será enorme. El alma no tiene ningún problema. El problema lo tenemos nosotros si estamos desconectados de ella. Y para poder establecer esta conexión debemos equilibrar el cuerpo físico, en todas sus dimensiones. Estas dimensiones incluyen la mente física y el sistema nervioso. Un cuerpo conectado a la esencia y convenientemente cuidado y fortalecido es lo que necesitamos para sobrevivir en esta dimensión y ser protagonistas del cambio que conducirá a una nueva versión del ser humano.

Tenemos que espabilar, pues el sistema nos ha habituado a estar desconectados y nos ha condicionado a ser sujetos pasivos. El primero de todos los pasos consiste en que nos liberemos de las garras del sistema y procuremos ser, en la medida de lo posible, individuos más libres y más sanos en todos los niveles. La telebasura, los noticiarios truculentos, las ondas y radiaciones nocivas, las distintas formas de contaminación, la manipulación de los alimentos, el funcionamiento del sistema educativo, la economía de la desigualdad, la influencia de la industria farmacéutica sobre el sistema médico... son solo algunos ejemplos de dinámicas del sistema que nos mantienen atemorizados, distraídos, intoxicados, dormidos. De hecho, no es necesario señalar todas las manipulaciones y agresiones encubiertas de que somos objeto: saltan a la vista cada vez más, a medida que el aumento de la frecuencia planetaria las va sacando a la luz. El entramado se irá cayendo solo cuando vayamos adquiriendo conciencia y tomando decisiones que no favorezcan el statu quo, sino que fomenten el cambio. Cultiva pues tu capacidad de discernimiento, y elige bien.

Cuidar el sistema nervioso

El sistema nervioso juega un papel sumamente importante en todo lo que está aconteciendo en estos tiempos, porque absolutamente todas las estrategias que se utilizan para mantener dormida a la humanidad se basan en sobreestimularlo. Es así como se logra que la gente viva distraída y estresada. Hoy día están muy extendidos los problemas de sueño, las taquicardias, el cansancio, la depresión... La contaminación electromagnética afecta en gran medida al campo magnético del ser humano, a lo cual se suma el efecto de las tormentas solares. Incluso síntomas como alergias, reacciones cutáneas, la falta de concentración y la pérdida de memoria pueden tener relación con ello.

Con este panorama, es fundamental que vayas hacia dentro con el fin de conocerte a ti mismo en profundidad. También conviene que perdones a los demás y olvides las ofensas. Asimismo, debes despreocuparte totalmente de lo físico y lo material. En lugar de ello, debes *ocuparte*. ¿Tienes un problema físico? En ese caso, busca el tratamiento oportuno. Solo si desocupamos la mente de las preocupaciones por lo físico y lo material podremos llegar a un estado de paz y calma que nos permita, a continuación, alcanzar la armonía que nos posibilite conectar con el alma y entender la esencia de quienes somos realmente. Solo así se puede crear una alta evolución, una alta vibración.

En relación con esto, te recomendaría que asistieses al curso zen. En él aprenderás a tener el control de tu vida desde la calma, la paz, la reflexión y el perdón. Y te mostraremos herramientas que te permitirán apaciguar el sistema nervioso y deshacer los bloqueos y atascos energéticos que puedan

estar presentes en tu cuerpo. Además, los toques zen te ayu-
darán con los problemas físicos que puedas tener. Una vez
que te despreocupes de los aspectos físicos porque dispon-
gas de la herramienta con la que ocuparte de ellos, ya podrás
centrarte en otros asuntos con el fin de disfrutar de una vida
feliz, llena de serenidad, paz y amor. Con la respiración con
conciencia y la meditación podrás salir del estado de distracción e ir hacia dentro, conocerte a ti mismo profundamente
y vibrar desde tu esencia, desde el amor incondicional. Estas
herramientas también te permitirán sellar tu campo magnético, de modo que no podrá penetrar en él nada exterior. Así
no te infectará ningún tipo de frecuencia ajena al amor incondicional. Te empoderarás al máximo. En definitiva, con la
suma de las distintas herramientas aprenderás a vivir en paz,
que es lo que todos buscamos realmente: paz en la mente,
en el corazón, en el espíritu, en el sistema nervioso y en el
cuerpo físico.

Así es como vas a poder prepararte, y no solo para lo in-
mediato o para lo que pueda venir en este mundo. Es una preparación que te servirá para siempre, a lo largo del proceso
de evolución individual y colectiva en el que estás implicado.

Estar en forma

No descartes la posibilidad de tener que abandonar tu
hogar, aunque sea provisionalmente, si la zona en la que vives pasa a ser inhabitable. Prepárate para la posibilidad, no
te estanques en la pereza. En la medida en que puedas, evita
el sedentarismo. Sal a caminar y ejercita el cuerpo. Fortalece
tus músculos y articulaciones; asegúrate de contar con una
condición física que te permita resistir una larga caminata,

que podría tener lugar en condiciones adversas (en medio de terrenos inundados o llenos de barro) o que podría ser cuesta arriba (tal vez te verás obligado a subir colinas o montañas).

Si tienes sobrepeso, esto va a dificultar que puedas moverte con agilidad en caso de que debas partir. Así pues, procura adelgazar. Cuida tu alimentación, reajusta tu dieta y tus hábitos, haz ejercicio y toma más conciencia del cuerpo como templo.

Cuidar la alimentación
Evitar los tóxicos

Hay que tener el cuerpo lo menos intoxicado posible y prepararse para necesitar menos alimento. Con este fin conviene evitar todo aquello que sobreestimule la producción de jugos gástricos, todos los estimulantes, citotóxicos, aditivos, colorantes, potenciadores del sabor (como el glutamato monosódico) y edulcorantes (como el aspartamo). Estas sustancias, que se encuentran en muchos alimentos procesados y también en los chicles y caramelos, son tóxicas para el cuerpo y alteran el sistema nervioso. Y muchas veces son adictivas; crean dependencia.

Evita, pues, este tipo de alimentos. Me refiero a todos aquellos productos de larga duración que tienen un aspecto que nos recuerda el plástico; todo aquello que tu abuela o bisabuela no reconocería como alimento en sí. Evita también todas las carnes procesadas, que llevan muchos químicos (nitratos y nitritos, por ejemplo) destinados a que el producto se conserve durante largo tiempo. Y no consumas agua fluorada.

En definitiva, regresa a una dieta más primitiva (como se considera que es la mediterránea), una dieta basada en alimentos frescos y en que las verduras y la fibra alimentaria tengan una mayor presencia.

Además de evitar los alimentos procesados, reduce también la ingesta de carne de todo tipo que no sea biológica, porque la carne convencional lleva muchos químicos incorporados, que se usaron para fomentar el engorde de los animales. En cuanto a las verduras y las frutas, consúmelas también ecológicas, porque las convencionales pueden contener altas concentraciones de pesticidas que no se irán con un mero lavado bajo el grifo. Estos tóxicos son una de las causas principales de infertilidad, sobre todo entre los hombres. En el caso de que no tengas otro remedio que consumir frutas y verduras de cultivo convencional, procura tener el sistema nervioso fuerte y las defensas altas, para que tu cuerpo pueda combatir mejor la presencia de esas sustancias químicas. En el siguiente apartado te mostraré una manera de lograrlo.

Las propiedades desintoxicantes del aceite de limón

Como el mero enjuague con agua no basta para eliminar los tóxicos presentes en las frutas y las verduras, lávalas con vinagre de sidra o pon unas gotas de aceite de limón en el agua del último enjuague; así se desinfectarán.

El aceite de limón es muy útil como aceite esencial de grado terapéutico para limpiar los filtros del cuerpo, sobre todo los riñones y la vejiga, que se encargan de procesar los tóxicos para que sean eliminados a través de las vías urinarias. Además, este aceite tiene una propiedad en especial, que es la de disolver y deshacer los plásticos. Esto es relevante porque las manzanas y otras frutas de aspecto muy pulido están cubiertas por una especie de cera que es más bien un tipo de sustancia plástica, formada por la acumulación de pesticidas (si rascas esa sustancia, la pones en un plato y le aplicas una llama, no arderá pero desprenderá un olor terrible, a plástico quemado). Si tienes este tipo de frutas en casa y quieres comerlas, ponlas en agua que contenga aceite de limón, para que se disuelva esa capa.

En caso de radiación nuclear

El cuerpo humano no puede convivir con la contaminación provocada por la fuga radiactiva de una central nuclear o por una bomba nuclear.

La radiación conlleva un exceso de polo negativo. Todo lo que implique expansión (como los quistes, los tumores, la retención de líquidos o la inflamación general) es polo negativo, mientras que todo aquello que implique contracción es polo positivo. Así pues, debes hacer que el polo positivo de tu cuerpo predomine sobre el negativo.

¿Qué alimentos intensifican el polo positivo? He aquí una lista: arroz rojo (en menor medida, también el integral), sésamo tostado, almendras tostadas, sal marina tostada, gomasio, mijo, avena, trigo sarraceno, leche de cabra, queso roquefort, manzana, fresa, castaña, cereza, melocotón, zanahoria, nabo, rábano, calabaza, puerro, sopa de miso, tamari, raíz de loto, perejil, judías azuki, lentejas, garbanzos, bardana, berro, diente de león, apio, lenguado, salmón, gamba, sardina, caviar, arenque, perdiz, pato, pavo, faisán y huevos biológicos fecundados. Como bebidas, el té de loto, el té bancha y el té mu son infusiones de polo positivo.

Se puede elaborar un preparado de polo positivo con arroz que se conserva durante mucho tiempo. Es mejor utilizar arroz rojo, porque es el que tiene más polo positivo (si no se dispone de él, se puede emplear cualquier tipo de arroz integral). Hay que poner el arroz en una sartén, sin nada más, y dejar que se tueste muy lentamente, mientras se va removiendo (no demasiada cantidad en cada ocasión, para asegurarnos de que se tueste bien). Empezará a hincharse ligeramente. El punto de cocción adecuado viene dado por el hecho de que al masticarlo no esté duro, sino que se convierta en una especie de leche en la boca. Luego se toma sal del Himalaya o una sal natural, ecológica, sin antiaglomerantes (es preferible que no sea una sal basta de supermercado sino una de calidad, sin aditivos), y se tuesta. Debe quedar muy molida, pulverizada (si es necesario, por tratarse de sal gorda, habrá que usar un molinillo de café). A continuación, aparte, se toma sésamo crudo, o ajonjolí, y se tuesta en una sartén, sin ningún otro ingrediente. Toda la casa olerá a sésamo tostado. Debe hacerse a baja temperatura y hay que vigilar que no se queme; basta con que experimente un ligero cambio de color. De esta manera, el sésamo y la sal promueven el polo positivo en mayor medida. El sésamo luego se tiene que moler. No del todo; no debe convertirse en polvo, pero sí debe romperse el grano. Lo mezclamos con una pizca de la sal que hemos tostado, y así obtenemos el producto conocido como gomasio. Hay que mezclar dicho gomasio con el arroz tostado, cada uno a su gusto de sal. El producto resultante puede conservarse en botes de cristal o en pequeñas bolsas de plástico.

Este preparado de arroz no es para comerlo en grandes cantidades. Se trata de que aporte pequeñas dosis de alimento para ayudar a sobrevivir. Un puñadito que pudiésemos poner en la palma de la mano sería suficiente. Hay que tomarlo después de haberlo masticado mucho, hasta que los granos de arroz se hayan convertido en una especie de leche en la boca. Este alimento se «bebe» de esta forma, no masticándolo un poco, tragándolo y haciéndolo bajar con líquido. Es muy de polo positivo, con lo cual es poderosamente medicinal; sería el alimento ideal para tomar en caso de que llegase hasta nosotros algún tipo de radiación nuclear. Si esto no sucede, no estaría de más que lo tomases de vez en cuando de cualquier modo; tres días al mes, o con mayor frecuencia si te apetece.

Si quieres saber más sobre cómo aumentar el polo positivo, puedes consultar libros de macrobiótica, en los que se habla del yin y el yang. Y en mis obras *Alimentación consciente*, *Menús conscientes* y *El cáncer* hago referencia a la dieta de polo positivo y los casos a tratar. A partir de ahora, te recomiendo que «yanguinices» tu dieta para que tenga el máximo de polo positivo posible, no solo para combatir una enfermedad, sino a modo de preparación frente a la posible presencia de radiación.

Los superalimentos

Estos productos se venden en pastillas y también en polvo. En este último caso, se pueden diluir en un caldo si se desea. Son alimentos concentradísimos que pueden aportarnos nutrición en un momento dado, muy indicados para poner en una mochila de supervivencia. Son ejemplos de superalimentos la espirulina, la chlorella, las bayas de goji y el polvo de alfalfa. Las bayas sobre todo tienen muchas vitaminas y antioxidantes, y ofrecen una gran protección contra la radiación.

Preparativos en el hogar

En Internet, sobre todo en inglés, hay páginas que explican cómo estar preparado para el caso de que se produzca una catástrofe (un tsunami o un huracán, por ejemplo). En Estados Unidos, como de vez en cuando se ven azotados por huracanes, la gente está más mentalizada. Y en los países del norte de Europa, es normal que cada familia cuente con un lugar subterráneo donde protegerse de posibles fugas radiactivas, los efectos de una guerra o un desastre natural. Yo tengo familia en Estocolmo y he visto que las casas se construyen con un refugio subterráneo blindado donde la gente tiene provisiones almacenadas por si se produjese una eventualidad como las mencionadas. Esos refugios cuentan con ventilación especial, un generador, agua, linternas, un WC químico, un botiquín de primeros auxilios y un equipo de salvamento que incluye cuerdas y mantas térmicas (al ser países con un clima tan extremo, están muy bien preparados al respecto), por si fuese necesario salir a ayudar. ¡Esta es su mentalidad!

Y tú ¿cómo lo llevas? Si tuviese lugar un terremoto, un tsunami o un huracán, ¿cuentas con provisiones en casa para sobrevivir un tiempo? He aquí una serie de elementos de los que es conveniente disponer: reservas de agua potable y de alimentos, mantas y ropa de abrigo, dispositivos de salvamento, reservas de jabón y detergente, abundante papel higiénico, papel de cocina, linternas (incluidas linternas frontales), velas, cerillas, mecheros, pilas, compresas (si es el caso) y un buen botiquín para practicar curas. Algunos de estos elementos pueden resultaros útiles no solo a ti y tu familia, sino también a otras personas que puedan necesitar tu auxilio o tu ayuda. En cuanto a la alimentación, es conveniente tener botes con alimentos ya cocinados (como lentejas, garbanzos, albóndigas...), miel y otros tipos de alimentos que no requieran cocción (pues no sabemos si dispondremos de electricidad y gas), como pan dextrinado, patés y conservas cuyo envase sea de fácil apertura. Es también muy oportuno disponer de botes de col fermentada (el denominado chucrut): es un gran recurso alimenticio cuando se pasan largas temporadas sin consumir ningún producto crudo, por su alto valor nutritivo, su aporte enzimático y su elevado contenido en vitamina C (en épocas de hambre, la gente que no podía comer alimentos crudos moría de escorbuto, enfermedad debida a la falta de vitamina C). En el botiquín, incluye unas tijeras, vendas, esparadrapos y productos desinfectantes. Si es posible, ten también un generador de electricidad.

Y si toca irse...

Disponte también a abandonar tu casa si es necesario. Ten siempre a punto una mochila con lo imprescindible (cada miembro de tu familia debería llevar la suya). He aquí algunas sugerencias de contenidos para la mochila: agua, una muda de ropa exterior y dos de ropa interior, prendas impermeables, unas chanclas ligeras, un saco de dormir, un botiquín de primeros auxilios, un champú-gel neutro que sirva también para lavar la ropa, pasta y cepillo de dientes, una crema hidratante para la piel, compresas si eres mujer, papel higiénico, toallitas húmedas, una toalla de microfibra, una mascarilla y gafas de protección contra el viento (es probable que soplen vientos de muy alta intensidad que pueden levantar una gran cantidad de polvo, tierra o arena). Lleva también encima reservas de tu medicación habitual (insulina, por ejemplo), algún documento de identidad (o fotocopia) plastificado (entre otros usos, puede ayudarte a recuperar el contacto con tus seres queridos), una linterna, un cuchillo, tijeras, una cuerda, pilas, mecheros para hacer fuego, pastillas para potabilizar el agua, algo de dinero suelto... En cuanto a alimentos, puedes llevar bolsitas de arroz rojo tostado mezclado con gomasio (consulta el anterior apartado «En caso de radiación nuclear» para ver cómo preparar e ingerir este producto), barritas energéticas, frutos secos y superalimentos. Asegúrate de que todo lo que tengas en la mochila esté dentro de bolsas de plástico con cierres herméticos, para que no pueda mojarse.

Un recurso del que es interesante disponer, en el que la gente no piensa normalmente, es el vinagre. ¡Ha salvado de plagas de piojos a los refugiados sirios que están en campamentos! ¿Imaginas una plaga de piojos a escala global? El vinagre de sidra también tiene excelentes propiedades para la piel y el cabello. Y los aceites esenciales de grado terapéutico son muy útiles para practicar primeros auxilios (tanto para tomar como para aplicar tópicamente), sobre todo el aceite de limón, con propiedades antibióticas (tómalo si debes beber agua de dudosa salubridad), el aceite de árbol del té, antifúngico y desinfectante, el aceite de menta (tanto de uso oral como tópico) para tratar dolores (incluidos dolores musculares y de cabeza, esguinces...) y para desinflamar, y el aceite de lavanda, para aliviar molestias y tratar heridas cutáneas y quemaduras. Te recomiendo pues que incluyas también estos elementos en la mochila.

También tendrías que estar preparado para la posibilidad de que haga un frío o un calor extremo. Para el frío, lleva ropa que te permita soportarlo y un calzado adecuado para caminar por la nieve o el hielo; y pon una manta térmica en la mochila. Para el calor, llévate una gorra o un sombrero, unas gafas para protegerte de los altos niveles de luz y radiación solar y cremas de protección (incluidos áloe vera, para tratar posibles quemaduras).

Como dijo mi maestro, conviene que toda la gente que viva cerca de la costa tenga preparado un bote o una zódiac. Si vives junto a un río, ten también un bote a mano, hinchable o de madera (si es de madera, puedes tenerlo en el jardín como elemento decorativo mientras no haya problemas). Puedes ayudar a sobrevivir a gente con tu embarcación. En el momento de escribir estas líneas se están produciendo muchas inundaciones tanto en España como en muchos lugares de Latinoamérica, que nos recuerdan lo que ocurre en estas ocasiones... ¡incluido el hecho de que el barro puede convertirse en el principal problema! Si vives en una zona susceptible de inundarse, cuenta con calzado que te permita andar por el barro.

En caso de tsunami, ve montaña arriba con tu mochila. Observa los animales, síguelos si huyen y presta atención a si tus mascotas están inusualmente inquietas (los animales saben antes que nosotros lo que va a ocurrir). Procura contar con un lugar en el que puedas alojarte que esté ubicado por lo menos a doscientos cincuenta metros por encima del nivel del mar. Es posible que las aguas retrocedan al cabo de poco tiempo, pero la costa quedará muy afectada en cualquier caso.

La posibilidad de que tenga lugar un tsunami en el litoral español es especialmente elevada, pues es una información que está en el programa y se revela a muchas personas en sueños, yo entre ellas (como verás en el apéndice 1). Además, en marzo de 2017 llegó a los cines el documental *La gran ola*, que aporta las razones científicas por las cuales hay que estar preparados para el caso de que poblaciones como Cádiz y Huelva pudiesen ser víctimas de un tsunami.

Epílogo

Sueños ¿proféticos?

Desde hace unos cuantos años, mucha gente está soñando con catástrofes relacionadas con el agua: tsunamis, desbordamientos de ríos, etc. Y hoy día parece que esta información está todavía más presente en el inconsciente colectivo.

Si tiene que ocurrir algo en el planeta Tierra, varias personas van a recibir el mismo tipo de mensaje a la vez. De hecho, esto ya está ocurriendo. En el momento en que he dado la alerta por el tsunami que puede afectar a la costa española, personas de varias partes del mundo me han escrito para decirme que habían soñado con una gran ola (en el apéndice 1 encontrarás varios de estos sueños).

Hace cuatro años decidí mudarme con mi hija; nos trasladamos de Barcelona a Madrid. Joanna me había dicho:

—Mamá, nos tenemos que alejar de la costa de Barcelona, porque vendrá una gran ola.

Según ella, la causa sería el resurgimiento de la Atlántida. Curiosamente, la fundación educativa y editora I AM

America ha publicado una obra espectacular y excelente titulada *Atlas*, de la autora Lori Adaile Toye, que ofrece imágenes de cómo quedará la Tierra cuando llegue la edad dorada, a partir de los mapas, las profecías y las enseñanzas brindados por los maestros ascendidos. Incluso contiene un mapa con las nuevas ciudades que habrá en esta nueva era. Es significativo el hecho de que existe una edición anterior de *Atlas* en que las cosas no pintaban tan bien. Tuvo que actualizarse porque, según me indicó personalmente la autora, se había producido un cambio en la conciencia de la humanidad, lo cual tuvo una repercusión en lo que será la futura configuración del planeta Tierra. Sea como sea, se prevé que hay tierras actualmente emergidas que se sumergirán y tierras sumergidas que emergerán. Curiosamente, hace veinticinco años mi maestro ya anunció que se produciría este movimiento de tierras, y, como Joanna años después, dijo que resurgiría la Atlántida.

Siempre he aconsejado que no seamos alarmistas. El hecho de soñar con un cataclismo o un accidente natural significa que en ese momento estamos vibrando en la posibilidad de que suceda, y el sueño es un aviso para que hagamos algo a fin de evitar que eso ocurra o para atenuar los daños que pueda provocar. ¿Cómo podemos cambiar la situación? Vibrando en amor, rezando, entonando mantras, meditando y ayudando a los damnificados de los desastres que tengan lugar (o efectuando una contribución económica para esa causa). Debemos dar las gracias por la oportunidad que tenemos de dar servicio y amor a esas personas, las cuales nos están ayudando a que podamos prevenir que eso ocurra más cerca de nuestro lugar de residencia. Todo es un aprendizaje, y todos formamos parte de él.

Realmente no sabemos si sobreviviremos a los aconteci-mientos que aguardan a la humanidad y tampoco sabemos si podremos quedarnos aquí, viviendo en una nueva versión de la Tierra, en lugar de ser evacuados. Depende de que haya, o no, un gran despertar colectivo «por las buenas». Si no lo hay, recibiremos las lecciones oportunas, y estas pueden implicar que el planeta deje de ser habitable.

Tendrá lugar lo que corresponda en el contexto de la evolución humana, planetaria, cósmica y del multiverso, así que no hay que sentarse a llorar o a tener miedo, sino nave-gar la ola. Ten pensamientos positivos y una actitud positiva, ayuda a los demás, sé la mejor versión de ti, da lo mejor de ti. Expande tu conciencia y contagia a todos tu crecimiento. Esto es lo que se espera de ti en el transcurso del proceso que acabará por dar lugar a una nueva versión de la humanidad.

Esto que estoy diciendo ya lo sabes, ya lo tienes dentro de ti. No lo eches a un lado considerando que son locuras o tonterías. Ve hacia dentro y busca la confirmación. Pregún-talo en meditación o en tus sueños y practica la escritura au-tomática al despertar. Aprende a soñar tu verdad; aprende a saber quién eres tú y por qué estás aquí. También puede ser que, en el día a día, tengas momentos de expansión de conciencia, de mayor lucidez, que te permitan saberlo. En cualquier caso, para obtener las respuestas... ¡empieza por preguntar!

Este momento de la evolución del ser humano nos pide que despertemos al amor. Si conseguimos que la humanidad despierte a tiempo, no necesitaremos vivir experiencias tan duras y catastróficas como las que he mencionado. Lo que tiene lugar en el planeta y en el cosmos es solo un reflejo de lo que está sucediendo en nuestro interior. Dentro de nosotros tenemos, cada uno, nuestro microcosmos. Si en él no hay paz ni armonía, este conflicto se proyecta fuera. Así pues, debemos llamar al colectivo humano a que despierte al amor y a que sea más consciente; debemos llamar a la creación de una vibración de paz y de alegría, de humanidad. En ese momento podremos decir «*game over*», se acabó. ¡Ya hemos tenido la experiencia, en calidad de seres espirituales, de vivir como humanos!

¿Qué toca hacer a partir de ahora? Vivir el día a día, vivir el presente, desde el amor. Darnos la mano. Sonreír a la vida. Agradecer estar vivos. Y permanecer en paz, en calma.

Si debes recibir una información o un mensaje en relación con lo que va a acontecer, puede muy bien ser que lo recibas en sueños, con el fin de que puedas hacer lo que sea necesario y advertir a los demás. Si tiene que ocurrir algo muy grave, quienes estén receptivos serán avisados con tres días de antelación. Y cuando suceda lo que tenga que suceder, la persona que esté en conciencia, la persona lúcida que esté en paz (y que sea coherente, de modo que merezca credibilidad) será el faro que los demás seguirán. Te invito a ser uno de estos faros.

Sueños para estos tiempos

¿Recuerdas la visión que tuvo aquella alumna zen en meditación, en que vio Barcelona cubierta por el agua y unas luces que salían de ella, que eran los alumnos zen que procedían a ayudar? Pues bien, Joanna, contando tres años de edad, se asomó por el balcón del piso donde vivíamos entonces, en Canyelles, justo al otro lado de la ronda de Dalt, y dijo, mientras señalaba esa carretera que rodea Barcelona por la parte de arriba, próxima a una zona montañosa: «Mamá, en el futuro, el mar llegará hasta ahí».

Por mi parte, he tenido varios sueños en los que he visto a Barcelona inundada por el agua. En uno de ellos, estaba en la playa de la Barceloneta y de repente vi venir un enorme muro de agua. Lo contuve con la palma de la mano izquierda a la vez que grité:

—¡Correeeed!

La gente señalaba hacia una montaña para escapar de la ola; creo que era Montjuïc.

En otro sueño vino la ola y cubrió toda la playa. Yo estaba agarrada a unas rocas e iba caminando por una especie de repisa en busca de refugio; el agua llegaba hasta un metro por debajo de mis pies.

En otro, me encontraba en una montaña viendo cómo Barcelona se cubría de agua, que también llegó a estar a un metro de mis pies. En ese momento recordé que contaba con protección.

En otro sueño, estaba en un piso en la calle Canigó, en Horta (Barcelona) y llegó la ola, que justo se detuvo por debajo de la altura de ese piso.

En otro más, mientras permanecía en una de las montañas de Barcelona (Montjuïc o el Tibidabo), vi cómo salía fuego del mar. Lo consulté con mi maestro en su día y me explicó que los volcanes que hay debajo del mar entrarían en erupción, lo cual ocasionaría una gran ola. De hecho, hemos tenido un aviso en la vida real, la reciente erupción del monte Etna. Los volcanes están conectados entre sí por debajo de la corteza terrestre, por lo que la erupción de uno puede ser el preludio de la erupción de otros.

Siguen a continuación algunos correos electrónicos que he recibido en los que la gente me ha explicado sus sueños (he utilizado sus iniciales en atención a la privacidad).

* * *

Hola, Suzanne:

Es un gran honor y un gran placer escribirte este *mail*. Mi nombre es S. y vivo en Canarias, en la isla de Tenerife.

Ayer vi tu conferencia «¡Despertad, humanos!» y... no tengo palabras.

Lo primero, GRACIAS por todo lo que haces. Me emociona verte y escuchar tu alma magnánima.

Un día antes de ver la conferencia, le contaba a un amigo que a lo largo de mi vida he tenido un sueño recurrente muy extraño...

En el sueño estoy en un balcón o una ventana grande de un edificio y veo a lo lejos una ola gigante, una gran masa de agua de mucha altura... pero la ola no llega. La veo, pero no llega.

El 1 de marzo de 2015 tuve un despertar (como tú dices, de esos que se cae la moneda) y en un instante lo entendí todo. Tengo treinta años ahora mismo y después de dos años aprendiendo más y más cada día, estoy en paz. Estoy preparada para ayudar en lo que sea necesario a todos mis hermanos y hermanas en este proceso de cambio. Me gustaría saber si se están organizando de alguna manera y cómo puedo ayudar.

¡Muchas, muchas, muchas gracias, Suzanne!

Un fuerte abrazo,

S. H.

* * *

Buenos días, querida Suzanne:

Te escribo para decirte que tuve un sueño en el que estaba en una playa y venía una gran ola.

Acto seguido, yo y otros a quienes no conocía en el sueño poníamos las manos en esa imagen y esa ola se iba fragmentando, hasta convertirse en olas muy pequeñas.

Comprendí que con el pensamiento se puede cambiar esa realidad.

Así que eso hago: animar a la gente a pensar y vibrar de otra forma por medio de una conversación sencilla. Es lo que de momento puedo hacer, ya que no trabajo en holística. Sí practico meditación con un familiar mío y vamos a trabajar todo esto, para que nuestra Madre Tierra sienta que somos conscientes y que podemos cambiar.

Un gran saludo de luz,

Y. S.

* * *

Hola, Suzanne:

Me han impactado muy positivamente tus últimos vídeos y justo llegan a mí cuando estoy tomando decisiones en torno a mi vida y están llegando cambios importantes. Aún no he realizado el curso zen y deseo hacerlo pronto. Sobre todo escribo porque en mi vida, hace ya unos veinte años, tuve primero una experiencia y después un sueño que nunca he olvidado y me impactaron, sobre todo porque yo no tenía ni idea de toda esta información.

Yo era jovencita, consumía drogas y en un «viaje» a consecuencia de estas vinieron unos extraterrestres y me contaron la verdad del universo. No sé explicarlo pero sí lo comprendí. Me dijeron algo así como que el universo es cíclico y me dieron el símbolo del infinito. Me sentí tan emocionada que estuve riendo sin parar durante media hora.

En cuanto al sueño, también lo tuve hace mucho tiempo, y fue muy vívido. El sol crecía; se veía enorme delante de nosotros. Los mares comenzaron a subir, pero no sentíamos pánico; solo aceptación. Nos subimos a un tejado mi hijo y yo mientras observábamos el sol y el agua seguía subiendo, y me invadió una paz como nunca antes había sentido.

Este sueño me ha hecho perder mucho miedo; solo tengo que recordar esa paz para seguir avanzando. Gracias por tu dedicación y por compartir esto con nosotros.

R. D.

* * *

Hola, Suzanne:

Admiro la fuerza que tienes para despertarnos a abrir los ojos con tus explicaciones sencillas. En cada conferencia tuya encuentro respuestas a los problemas de la vida diaria; la verdad es que después de escucharte muchos se solucionan y desaparecen...

Fue una gran sorpresa cuando mencionaste, en tu anterior conferencia, el tema de la gran ola en Barcelona. Me quedé de piedra cuando dijiste que varias personas habían soñado con ella, pues... ¡a mí también me ha pasado! En mi sueño, la ola llegaba a la playa de Gavà (cerca de Barcelona). Soñé esto el verano pasado; desde entonces, voy un poco más inquieta a las zonas de playa. Pero por otro lado estoy de acuerdo contigo en que no hay que tener miedo; únicamente hay que tomar nota y estar preparado.

Un abrazo y mil gracias,

M.

* * *

Vi una conferencia suya en Mindalia y usted dice que contemos nuestros sueños. Pues bien, yo tengo muchas dudas al escribir esto, pero ahí va.

Hace varias semanas soñé que había algunas personas muy asustadas en cuevas. Estaban protegiéndose de una especie de ciclón muy fuerte que levantaba casas y árboles. De repente me vi en una playa. Toda la gente vestía de blanco. El viento era muy fuerte pero a pesar de esto esas personas no estaban asustadas; solo observaban. Por extraño que parezca, el mar permanecía en calma. Miré al cielo y estaba muy negro, pero había unas luces amarillas que formaban una especie de círculos. Yo informaba a quien iba conmigo de que la Tierra estaba pasando por un agujero de gusano.

Después de ver su conferencia tuve muchas dudas acerca de si escribir o no, así que antes de irme a dormir pregunté si debía hacerlo; pedí que me diesen una señal. Y esto fue lo que vi:

Tenían lugar varios terremotos seguidos. Yo estaba en Madrid. No había escapatoria. Las personas buscaban cuevas; todo era confusión. Luego me vi en otro sitio y la situación era igual: los árboles caían encima de los coches, los terremotos eran continuos. Miré al cielo y estaba igual que en el sueño anterior y de alguna manera supe que estábamos atravesando un agujero de gusano. Alguien presente en el sueño me recomendó leer un libro que no sé si existe; me dijo: «Tienes que leer *Las nueve señales del fin del mundo*». Recuerdo muchos detalles, pero en resumen esto es lo que soñé.

Personalmente, creo en una transición pacífica; creo que podemos lograrlo. Creo en la humanidad, pero mis sueños me muestran otra realidad. Gracias por su labor y ayuda para todos.

(Anónimo)

Apéndice 2

Más allá del tiempo-espacio

por Carlos Rodríguez

L os mitos, las leyendas, los libros sagrados y las diversas creencias guardan en sus historias mágicos secretos que son desvelados por nosotros. La medida en que lo hacemos depende de la capacidad de razonamiento y de la evolución vibratoria que tenemos como seres humanos. La experiencia acumulada a través de vivencias en niveles diversos de manifestación impulsa la actividad de la voluntad, la cual recibe el impacto de las emociones que enfocamos desde el corazón, hasta que llega el punto en que producimos, en calidad de unidades trinas encarnadas, la más sutil energía conocida como *amor*. Esta energía inmortal es la base para la conformación de un nuevo cuerpo de manifestación que nos permitirá trascender a planos de vibración más elevados que el alcanzado hasta la fecha.

Para avanzar en el camino que nos libera de las ataduras que nos mantienen en el presente plano, se nos sugiere despertar a un nuevo nivel de conciencia incluyente, de servicio planetario y universal.

El hecho de «despertar» interiormente este nivel de conciencia nos permitirá decodificar la información perenne, erróneamente conocida como «oculta», con el fin de empezar a comprender la compleja cosmogénesis del tiempo-espacio e ingresar en el plano donde se encuentra la sociedad espiritual consciente de su existencia y servicio. Este es el próximo nivel que alcanzar en la evolución humana. La dualidad y la muerte son solo conceptos que se aplican a procesos, como aquel por el cual hoy estamos terminando de transitar por una etapa y empezando a recorrer otra en la que iremos develando paulatinamente los misterios de la creación, sea objetiva o subjetiva (misterios como la vida, la evolución y la existencia del ser humano).

Estar viviendo esta experiencia humana nos da dicha oportunidad, una vez que cada uno de nosotros tenga la apertura que le permita comprender lo que es la interacción vibratoria. Este conocimiento nos permitirá cambiar diametralmente nuestros valores respecto al motivo por el cual encarnamos como humanos.

A partir del término de la Segunda Guerra Mundial, hemos llegado al planeta aproximadamente siete mil quinientos millones de «unidades de conciencia» con un nivel de evolución diferente al de las generaciones anteriores. Un gran número de seres humanos encarnados con anterioridad a 1942 iniciaron su traslado a planetas cuya vibración es acorde a su nivel de frecuencia y evolución, dada su incompatibilidad con el alcanzado por la Tierra. Esta, actualmente, está transformando su constitución atómica, biológica y energética, además de integrar paulatinamente, en su vientre, las primeras generaciones de una nueva raza que presenta rangos diversos de conciencia, superiores a la conciencia predominante. Lo anterior es un efecto natural, generado por las nuevas energías recibidas y emanadas por el sol central del sistema planetario hacia su área de influencia.

Cabe notar que el mundo de la ciencia y la tecnología está evolucionando aceleradamente desde la posguerra (1945), hecho que nos permite constatar que el nivel de inteligencia, conocimiento y vibración de las nuevas generaciones es mucho más sutil y evolucionado que el de las precedentes.

Lo anterior es un proceso gestado a través de las generaciones pasadas, y hemos alcanzado el punto en que, tecnológicamente, nos hemos integrado en el mundo invisible que sustenta al visible, un mundo virtual de ondas y frecuencias que trasciende fronteras, culturas y creencias. La velocidad que se ha conseguido en las comunicaciones ha logrado integrar sociedades distantes y aisladas. La capacidad de obtener información se ha multiplicado exponencialmente. Y la estructura genética de los cuerpos humanos se está sutilizando, lo cual va a la par con el nivel general de evolución de las unidades de conciencia que los utilizan.

En síntesis, un sinfín de cambios tienen lugar día a día, de los cuales no somos conscientes. Uno de los fenómenos más importantes es la actividad radiactiva solar. Por el momento no la comprendemos, hasta el punto de que la consideramos, en nuestra ignorancia, dañina o letal, aun sabiendo que es la fuente que sostiene toda manifestación existente en su ámbito.

Como consecuencia de los avances tecnológicos, se ha podido detectar con mayor eficacia el maravilloso mundo extraplanetario, especialmente los *fenómenos solares*. Llaman la atención los comentarios respecto a los efectos de las explosiones que acontecen en el Sol, las cuales causan alteraciones electromagnéticas en las comunicaciones y aparatos modernos de emisión y recepción. Poco se habla de su influencia sobre el cambio climático planetario y sobre la actividad atómica y orgánica de la flora y la fauna, y menos aún, del impacto que causan en la conducta humana.

He aquí una materia de reflexión: el hecho de que utilicemos tecnológicamente las ondas y las frecuencias, ¿corrobora que sabemos cómo se originan y conforman, o solamente tiene lugar un resultado reactivo e inconsciente a la información captada por algunos ordenadores mentales o unidades de conciencia?

Las explosiones solares, así como otras energías cósmicas, normalmente no se consideran en relación con el proceso de evolución trascendente que está experimentando el ser humano. La mayoría de los comentarios, como ya expresamos, son de tipo alarmista y atemorizante. Pero le daremos un vuelco a la percepción que tenemos de nuestro Sol. En nuestro sistema planetario, es el generador central de vida y movimiento, además de ejercer una influencia clave en la evolución de los seres humanos en probables planos diversos de manifestación. Esta actividad está fundamentada en la observación profunda de las cualidades de lo existente, aunadas a las capacidades innatas de las unidades de conciencia al tomar un cuerpo físico. Estas cualidades, por lógica, son memorias del alma grabadas en experiencias vividas en esos planos diferentes del tiempo-espacio, a los cuales, con seguridad, regresaremos al salir del cuerpo mediante el fenómeno llamado muerte.

Es difícil exponer en palabras el teórico funcionamiento de los sistemas solares. Para tener una visión aproximada, utilicemos la imaginación... El cosmos está compuesto por multiuniversos, y estos, por sistemas galácticos y galaxias en formación; a la vez, estas últimas están formadas por sistemas estelares y solares en los que se incluyen planetas, planetoides, lunas, asteroides y diversas estructuras de partículas, fuerzas y energías.

De modo introductorio, podemos decir que la vida, tal como la conocemos en sus diversas formas y frecuencias bioquímicas (vida y materia), requiere de unos campos atmosféricos específicos: solamente puede sembrarse en planetas y planetoides que tengan una cobertura electromagnética (o en medios atmosféricos artificiales).

Entre las diversas cualidades que presentan los soles, son receptores, transformadores y transmisores de energías superiores, así como de las producidas por su propio sistema. La cantidad de energía que transforme y produzca cada sol dependerá de la magnitud que tenga dicho sol, y la transmutación de esta energía dependerá del nivel evolutivo de las unidades de conciencia que lo habiten, como responsables del desarrollo del sistema específico.

Lo anterior abre la puerta a una nueva probabilidad. Si los planetas, los planetoides y las formas artificiales pueden sembrarse de vida, es porque esta es emanada desde un núcleo solar. Por consiguiente, todos los soles están habitados por unidades de conciencia o entidades humanas (con mente) que poseen un nivel de evolución muy elevado.

Lo anterior no limita la probabilidad de que existan unidades de conciencia que evolucionen en mundos no materiales, pero en este escrito nos estamos ciñendo a la evolución en el ámbito de las formas bioquímicas. Cada esfera tiene una actividad energética específica y es habitada por seres humanos acordes a su frecuencia o nivel de conciencia. Las galaxias espirales están estructuradas atómicamente como elementos. Su función es ser engendradas vitalmente por una energía inteligente que no comprendemos con nuestro nivel de evolución actual, la cual es el *pater genesis* expresándose en la *mater(ia) universalis*.

Las células, los órganos y las formas plasmáticas que tienen vida son solamente sensores de tecnología muy avanzada diseñados para experimentar y descifrar sus infinitas formas y cualidades ecosistémicamente, mediante ordenadores conscientes o humanos emanados de esa gran Fuente inteligente.

No hay actividad solar que no sea monitorizada por las unidades de conciencia responsables de la evolución en su manifestación. Por este motivo, podemos tener la certeza de que nuestra experiencia planetaria es un proceso hacia la conciencia plena. El caos aparente en el cual estamos sumergidos en este momento no es más que un ciclo de maduración que tiene por objetivo que alcancemos un nivel superior en la escala cósmica de la evolución.

Nuestra esencia es divina, y aquello a lo que ahora damos el nombre de maldad o energías de la oscuridad no es más que el impulso de estas mismas energías con el fin de integrarse equilibradamente en la Fuente única de la luz creadora, que se manifiesta en todos los planos del tiempo-espacio. Esto únicamente será posible mediante la intervención de cada uno de nosotros como unidades de conciencia.

Los cuerpos físicos que utilizamos en este planeta son un ejemplo de la tecnología mencionada, la cual aprendemos a utilizar. La base de su desarrollo y conformación es similar en origen a la de los planetas y planos de manifestación; solamente varían las valencias y frecuencias de la composición.

Los encargados del proceso evolutivo en cada entidad planetaria monitorizan toda unidad de conciencia autónoma que pasa a vivir la experiencia física. La energía mental que se produce como resultado de dicha experiencia es emanada por el ordenador individualizado conocido como chispa divina o alma, y tiene un efecto constante en todos los niveles de manifestación química, bioquímica y conductual. He aquí la importancia, dentro del tiempo-espacio, de las emanaciones solares como núcleos centrales de la actividad universal y su interacción cósmica; desde la partícula más simple y pequeña hasta la más compleja y voluminosa, desde la unidad de conciencia más reciente hasta el ser más evolucionado.

Nuestra comprensión es limitada. Los cuerpos utilizados presentan una analogía con las frecuencias de comunicación que usa la tecnología actual, unas frecuencias que no sabemos cómo están constituidas ni por qué existen.

La actual hiperactividad solar es acorde al proceso natural de la evolución del Sol en la galaxia, al igual que los cambios planetarios. El número de unidades de conciencia encarnadas es el requerido para el cambio esperado, pues las energías que producen y reciben son las adecuadas. No hay ninguna unidad humana que pueda entrar arbitrariamente en el campo electromagnético y la atmósfera planetaria con el fin de evolucionar o encarnar, como tampoco es posible salir de dicho campo, si no se alcanza el nivel vibratorio o de conciencia requerido para ello.

Al formar parte del planeta, nos hacemos UNO con él, lo que le permite manifestarse como ser vivo y consciente. Su forma de interactuar y comunicarse está basada en un lenguaje vibratorio similar al que nosotros usamos mediante el cuerpo y los sentidos como transductores de frecuencias, gradientes de ondas y campos de presión etérica. Es un mundo espiritual por el que se transmite la energía vibratoria codificada bajo principios que no comprendemos.

Por el momento diremos que el caos aparente que hemos vivido como humanidad forma parte del proceso evolutivo de las unidades de conciencia. Los cambios climáticos, la polarización de la conducta humana, la exacerbación egoísta, los intereses desmedidos y, en general, la falta de equidad son procesos que no comprendemos y que están relacionados con los apegos a la objetividad y el sentido de posesión derivados de las experiencias que se tienen en este plano evolutivo.

Los efectos de la energía mental planetaria, solar, galáctica, universal y cósmica son muy diversos. Entre ellos se encuentran el movimiento de traslación de todo elemento, desde la partícula más pequeña hasta todo un cosmos; cambios en la conformación de las partículas subatómicas y cuánticas; modificaciones climáticas, e incremento de frecuencias electromagnéticas en la flora y la fauna. En el humano, el sistema nervioso, intelectual y creativo está en pleno fortalecimiento; a causa de ello, una gran mayoría sentirá diversos efectos físicos, como dolores de cabeza, vibraciones y zumbidos sin causa aparente, confusión, inflamación orgánica, polarización del patrón de conducta, etc.

Los efectos anteriores son transitorios y normales, y acabarán una vez que el traslape de las energías (entrante y saliente) termine, hecho que está a punto de suceder. Esperemos que al terminar este proceso cambie de forma acelerada la conducta humana y se origine el despertar definitivo a la nueva conciencia planetaria, en la que reinarán el mundo espiritual, la equidad, el respeto y el servicio incondicional.

Las altas esferas gobernantes de la sociedad mundial saben perfectamente que la actitud egoísta e invasiva está debilitada por el despertar humano a esa nueva conciencia. Son conscientes de que la nueva generación humana romperá con el sectarismo, la manipulación egoísta y la emisión de bajas frecuencias para dar paso a la Luz Original que alimenta a cada ser. Están informadas de que se abrirá la comunicación con los verdaderos responsables de la evolución planetaria y de que todas las actividades bélicas se relegarán, para dar paso al establecimiento lento, constante e ininterrumpido del reino espiritual, hasta que ingresemos totalmente en un plano superior donde entraremos en contacto consciente con los sembradores del cosmos. En ese plano continuaremos nuestra evolución, pero ya habremos trascendido los diversos niveles astrales o emocionales densos, complejos y oscuros, sean de origen terrestre o extraterrestre, que por ley cósmica estamos experimentando en la actualidad, aunque no comprendamos por qué son necesarios en nuestro proceso.

CARLOS RODRÍGUEZ,
presidente de la Fundación Carpe Diem,
con sede en Guadalajara (México)

Apéndice

Entrevista

por Francesc Prims

Claves para manifestar

«Intento transmitir enseñanzas, ayudar a la humanidad, dar a conocer la técnica zen y ofrecer esperanza cuando no la haya». Así se presenta a sí misma Suzanne Powell, disertadora y sanadora espiritual que congrega a multitudes con su claro mensaje, transmitido con tanta firmeza como sencillez. Suzanne es el vivo ejemplo del éxito como fruto de la alineación con el espíritu, dejados de lado los miedos y apegos que dictan sentencia sobre lo que es o no es «posible». En sus diversos libros nos anima a tomar de una vez por todas las riendas de nuestras propias vidas.

Creer es ver

¿Cómo podemos atraer y manifestar determinadas situaciones en nuestra vida? ¿Cómo podemos hacer realidad nuestros sueños y dar respuesta a nuestras necesidades?

En realidad, lo estamos viviendo todo al revés. Vivimos con la creencia de que ver es creer, cuando en realidad creer es ver. La manifestación de lo que vivimos en nuestra realidad depende de nuestra creencia; creamos lo que creemos. Si yo siento que algo es posible, significa que lo es. Solo hay que alinearse con ese deseo. Lo que no seas capaz de imaginarte o creer, no está en tu programa de vida; por ejemplo, hay ocupaciones y profesiones que ni te las planteas.

Ahora bien, si te sientas en la butaca y piensas en tu profesión del futuro y no haces nada para que eso sea una realidad, no ocurrirá nada. Hay que generar un vórtice de energía para que tenga lugar esa manifestación. Lo que yo piense, la intención junto con la creencia, más mi pasión por esa creencia, me va alineando con lo que voy a manifestar. Cuanta más emoción añada a mi intención, más rápidamente se va a producir esa manifestación.

No hay que olvidar que tenemos nuestra lista de preferencias y de deseos... en el presente. Pueden cambiar dentro de un año, un mes, un día, una hora o un segundo. Al perseguir nuestros deseos, empezamos a alinearnos con lo que nos hace felices, pero tengamos en cuenta que solo son un reflejo de la proyección de lo que estamos viviendo o vibrando en el presente y no tienen ninguna importancia, salvo la que les estemos dando en el momento.

Así pues, no esperemos a ver cumplidos nuestros deseos para ser felices. Ante todo, mi único propósito en la vida es ser feliz, con lo que tenga y siendo como soy desde la libertad de expresión de quien soy yo. Lo que importa es la esencia que subyace a mi personalidad o personaje en el presente; no hay más, independientemente de lo que pueda desear en un momento dado. El propósito de la vida es simplemente ser feliz, como lo es para un niño, que quiere seguir experimentando en el ahora.

¿Y cuando aparecen problemas que nos dificultan ser felices?

Puedes cambiar el pensamiento de que tienes un problema por resolver por el pensamiento de que tienes un conflicto en tu vida en el presente, algo que desafía tu felicidad. De esa manera, tomas esa experiencia como una oportunidad para alinearte más con la esencia de quien eres realmente, que es esa persona feliz. Tenemos que agradecer las manifestaciones de rabia, falta de control, depresión e insatisfacciones, porque nos ayudan a irnos alineando con lo que realmente estamos buscando, que al final del camino es encontrarnos a nosotros mismos en nuestra esencia. Para ello acepta totalmente lo que eres y cómo eres, con lo que tienes y con lo que no tienes.

Podemos decir que todo es absolutamente perfecto. Sin embargo, ¿tienes preferencias en cuanto a cómo te gustaría que fuesen las cosas? Bien, puedes experimentar y practicar en la dualidad. Pero siempre debemos tener en cuenta que es necesario integrar la polaridad. Por lo tanto, abrazo la experiencia del conflicto como una oportunidad para ser una mejor versión de quien soy en el presente. Al abrazar esta experiencia, la integro. Para integrar, no tenemos que señalar lo que es malo y lo que es bueno, separar, dividir, sino tomar conciencia de que estamos aquí en la Tierra para experimentar la polaridad, la dualidad. Lo «malo» y lo «bueno» son las dos caras de una misma moneda. Por ejemplo, a quien ríe mucho le tocará también llorar mucho.

¿Qué ocurre en el caso de aquellas personas que enseguida encuentran en su vida la manifestación de aquello que necesitan en ese momento?

Son personas menos complicadas que han encontrado el camino de su niño interior, individuos menos codificados. Cuando todo fluye y lo que pides se manifiesta al instante, eso significa que estás más cerca de tu automaestría, más cerca de lo que llaman la budeidad, la iluminación. Estas personas han descubierto el truco; saben que no hay que intentar nada, sino simplemente alinearse, como un niño al que le apetece mucho un helado de chocolate y sabe que lo va a conseguir, aunque sea por pura manipulación de las emociones de los padres. Los niños saben cómo manipular, porque conocen cómo funciona el universo. Funciona por vibración. El niño mira a su padre con ojos implorantes y le pide el helado, y el padre, con el corazón bombeando, no se lo puede negar.

Cuando aprendes a través de tu automaestría que todo es vibración, y cuando le añades pasión al sentimiento de esa intención, y luego le sumas más pasión a la pasión, eso va a generar que ese vórtice gire cada vez con más fuerza. Todo lo que pertenezca a esa vibración se verá absorbido dentro de ese vórtice, hasta que se produzca la manifestación instantánea.

Eso sí, hay que entender cómo funciona la ley cósmica de acción-reacción. Tienes que ser merecedor de lo que quieres manifestar y, dependiendo de los créditos y débitos que tengas en tu cuenta kármica, la manifestación tendrá lugar antes o después. Estamos buscando el equilibrio entre el deseo y la manifestación. Si existe ese equilibrio y pides un Rolls-Royce rojo descapotable y estás vibrando en ese nivel, se manifestará, independientemente de su valor económico. Para manifestar no se necesita dinero, sino la capacidad de mover las piezas y la absoluta certeza de que vas a lograr lo que deseas y qué es lo que vas a hacer con ello cuando te llegue.

Este punto es interesante; la motivación con la que pedimos...

Cuando basas tu evolución en alcanzar algo y consigues manifestarlo, llegará el momento en que descubrirás que lo material ya no te hace feliz. Obtienes una satisfacción, un placer en el momento (por ejemplo, al comerte ese helado que tanto te apetece), pero ¿luego qué? Empezamos por satisfacer aspectos físicos y emocionales pero luego vamos anhelando otras satisfacciones, de tipo espiritual. Llegas a un nivel en que ver la felicidad de quienes te rodean se convierte en tu propia felicidad; en ese punto, ya pides pensando sobre todo en el bien de los demás.

Disponte a recibir

¿Qué «méritos» tenemos que hacer para ser atendidos por el universo, para ser merecedores de lo que pedimos?

Cada uno tendrá siempre lo que le corresponda. Una de las leyes universales es la ley de correspondencia, por la que siempre tenemos lo que nos merecemos. Todo lo que te corresponde está haciendo un tremendo esfuerzo por llegar a ti y todo lo que no te convenga en tu camino está haciendo un tremendo esfuerzo por alejarse de ti. El problema es que practicamos constantemente el apego, con lo que estamos reteniendo lo que no nos corresponde. Mientras permanecemos apegados a ese lastre que llevamos acumulando durante tanto tiempo porque pensamos que necesitamos eso para ser felices, estamos impidiendo que todo aquello que nos corresponde nos llegue. También pueden impedir la manifestación las resistencias, cuando pensamos y sentimos que algo no nos corresponde o que no somos merecedores de ello. De modo que hay que practicar el desapego y eliminar las resistencias.

Cuando entras en un estado de calma y relax y dejas de preocuparte, te llega lo que te corresponde por tus méritos. Abrázalo. No te sientas culpable por ello; te lo has ganado con tu tiempo y con tu esfuerzo. Cuando nos entregamos a nuestro Ser, libres por completo de la mente, es este el que nos guía en nuestro camino. Hay que permanecer en este modo para recibir.

También pones mucho énfasis en el dar...

Sí; una de las leyes consiste en dar aquello que quieres recibir: dar amor, dar caridad, dar compasión, dar empatía... ¡Así de fácil! El problema es el apego, la creencia de que si doy lo que tengo me voy a quedar sin ello.

¿Qué reflexión harías tú si te encontrases en el estado en que tantas personas se encuentran hoy día en que de pronto se quedan sin trabajo, o ante una situación de carencia...?

Lo primero, aceptación. Asumir que eso es lo que toca, que no lo puedes cambiar en el presente. Obviamente, uno entra en un estado de crisis, de «pobre de mí»; tiene que recalcular toda su vida. Pero en esos momentos, tal como expliqué antes, todo lo que esté impidiendo que avances por tu camino está intentando alejarse de ti. Si es tu trabajo, es que no te conviene ese trabajo, porque no te deja evolucionar; estás estancado.

Un despido es un regalo para tu camino; te espera algo mucho mejor, aunque en ese momento no puedas verlo. También puede ser que te deje tu pareja, tal vez con una hipoteca, con niños... Ahí también es necesario el desapego; deja que se vaya. Hay personas que de pronto se quedan sin casa, sin trabajo, sin hijos, sin nada... Hay que aceptarlo y hacer borrón y cuenta nueva. Cuando aceptas una prueba, la mitad ya está superada. Alégrate. Ya sé que es difícil, pero con la perspectiva de la vida que dan la calma y la aceptación, será mucho más fácil tomar decisiones. Así pues, calma tu mente. Necesitamos paz en la mente, y como consecuencia en el sistema nervioso y en el cuerpo, para tener paz en el espíritu. Si tenemos paz en el espíritu, tenemos claridad; de ese modo, podremos tomar decisiones coherentes, que serán las correctas.

¿En qué casos es mejor insistir en nuestro sueño, en lo que queremos manifestar, y en qué casos es mejor entregarse para que el universo haga de nuestra vida «lo que quiera» en favor de nuestro mayor bien?

Si, por ejemplo, quieres un determinado trabajo y pones toda la intención en conseguirlo, y lo consigues, ese trabajo será para ti con todas las consecuencias, aunque tal vez el universo tenía para ti otro que se adaptaba mejor a tu condición.

Sea como sea, lo has atraído por vibración y es perfecto para ti en ese momento. Tal vez no es tu empleo definitivo, pero es el que necesitas en ese punto de tu vida. Ocurre lo mismo cuando manifestamos una pareja, una casa, etc.

En realidad, solo tienes que vivir hoy lo que te hace feliz hoy, porque tu vibración de hoy crea la vibración y la manifestación de lo que vivirás mañana. Pero si de repente se presenta un cambio en tus circunstancias, debes tener la capacidad de recalcular. En ese caso, procura entrar en un nuevo enfoque, una nueva dirección, instantáneamente; como un GPS que tiene que recalcular una ruta cuando la que ha escogido primero deja de ser válida. No tenemos que aferrarnos a ninguna programación mental.

En una ocasión me caí en una pista de hielo, y fui directamente al quirófano. En cuestión de minutos me vi obligada a recalcular toda mi vida, pensando en los próximos meses. Tuve el tiempo justo para hacer algunas llamadas telefónicas y delegar, para quedarme tranquila e irme al quirófano con una sonrisa en la cara, entregada a las nuevas circunstancias, con total aceptación.

¿De qué sirve preocuparte por el futuro si no sabes lo que va a pasar mañana? Vive hoy, intensamente. Si un médico le dice a una persona que le queda una semana de vida, ¿cómo cambian sus prioridades en comparación, por ejemplo, con otra a la que le dictan una sentencia de diez años en la cárcel? ¿Cómo proyecta su vida cada una de ellas? Son el ejemplo de dos programaciones impuestas sobre los seres humanos. ¿Cuál eliges? Las circunstancias no tienen importancia, sino lo que vas a extraer de cada experiencia. ¡Vive el presente! ¡No te queda otra! Y ten en cuenta tu intención, lo que eliges vivir. Procura ser la máxima manifestación de quien eres realmente, ¡no más! Saca el máximo provecho de este traje, de esta vida, de tu experiencia en el presente. Y recuerda que el viaje de tu vida es la búsqueda de ti mismo.

¿Cómo puedo saber que me encuentro en el estado más elevado en el que puedo estar actualmente?

Solo puedes saberlo por lo que estás sintiendo, por lo que brilla en tus ojos, por lo que transmites a la gente, por lo que reciben los demás estando en tu presencia. Esa es la única manera, el único indicador que puede revelar dónde estás realmente. No lo valores en función de tus problemas; el que no tiene una hipoteca tiene otra preocupación. En este sentido, mi mantra favorito es: *qué más da.* Nada tiene importancia; solo la que le des.

¿Qué me puedes decir de los casos en los que la no manifestación de lo que pedimos puede ser más favorable que su manifestación?

La manifestación de lo que no quieres pertenece a la ley universal de los opuestos: pides algo pero el universo manifiesta lo contrario, porque el universo, o Dios, te regala lo que no te gusta para que aprendas a amarlo. Estamos aquí aprendiendo a ser nosotros mismos, lo que significa aprender sobre lo que es el amor incondicional.

Por ejemplo, si el universo te regala un hijo con una deficiencia, o una discapacidad, es para que aprendas el amor incondicional. Porque ese hijo será dependiente de por vida. ¿Cuántos padres aseguran que no cambiarían ese hijo por nada en este mundo? Mantiene unida a la familia, les muestra la alegría de vivir, les ayuda a olvidarse de sí mismos... Gracias a ese hijo, los miembros de esa familia salen del modo ego a la fuerza.

También puede ser que el universo no manifieste lo que pides porque, velando por ti, procure que no te distraigas con algo que no te conviene realmente y no pierdas tu camino. O también puede ser que te tenga reservado algo mejor que lo que has pedido... Para *Atrévete a ser tu maestro* necesité un voluntario que hiciese de transcriptor, y surgió mi amigo Xavi, quien tuvo que retrasar sus vacaciones cuatro días (iba a hacer el Camino de Santiago). Gracias a ello, cuando finalmente emprendió el Camino, el primer día del viaje conoció a la chica con la que está viviendo ahora. El universo es tan generoso que tiene para nosotros planes incluso mejores que los nuestros. Para recibir lo mejor, solo tienes que conectarte contigo mismo.

¿Hay manera de que podamos saber que estamos haciendo a cada momento aquello que la vida, o nuestro Ser, espera de nosotros?

¡Es fácil! Si lo dudas, pregúntate cómo te sientes. Tu guía es si eres plenamente feliz en ese momento con lo que estás haciendo, si estás intensamente integrado en el presente. Si lo dudas en algún momento, pregunta qué es lo que no estás viendo que deberías estar viendo, y seguro que surge la respuesta. Si no te sientes feliz con lo que estás haciendo, empieza a recalcular, a buscar qué es lo que hay en tu corazón, o qué es lo que sientes que deberías estar haciendo, y ten el coraje y el valor para abordar el cambio. Haciendo lo que realmente te gusta, lo que realmente has venido a hacer, vas a brillar y te va a llegar la abundancia.

¿Cómo explicas las situaciones en que incluso se quebrantan leyes naturales, como por ejemplo casos de teletransportación?

Estas cosas ocurren, realmente. Las personas que logran realizarlos es porque ya han descubierto su parte multidimensional. Para poder adoptar ese tipo de prácticas hay que ir a la ausencia total de mente, hay que experimentar con las leyes del universo: el tiempo, el no-tiempo, el espacio, el no-espacio, jugar en el vacío, saber navegar a nivel multidimensional... La primera parte de la práctica es aprender a meditar, a estar en la nada, en el vacío desde donde nace el Todo. Pero cuando estás en la nada tienes que mantenerte ahí, sin ninguna expectativa. Porque en el microsegundo en que te corresponda vivir esa experiencia te moverás en la frecuencia necesaria para atravesar la nada y alcanzar el Todo. Cuando estés ahí, en el Todo, te darás cuenta de que no sabías nada.

Pero si ambicionas tener ese tipo de experiencias, ya lo habrás estropeado. De manera natural, forman parte de nuestra naturaleza humana, multidimensional; ya se producían en la Atlántida. Hay muchas razas aquí en la Tierra y una gran mayoría estábamos también en la Atlántida, donde practicábamos la teletransportación y la telepatía... Entonces estábamos viviendo en pura conciencia. Ahora estamos empezando a recordar quiénes somos realmente; la gente está empezando a «recordar» sus «poderes».

He trabajado con reclusos de centros penitenciarios y hubo el caso de dos mujeres que, en el primer día de clase de meditación, se desdoblaron; salieron de su cuerpo volando. Allí me encontré con personas con una gran facilidad para estos fenómenos, porque disponían de tiempo para reflexionar y para dedicarse a sí mismas. Ahora vamos a ver cada vez

más personas que viven ese tipo de experiencias de forma
espontánea.

Marcas en el camino

*¿Cómo podemos identificar las señales que nos manda el uni-
verso e interpretarlas correctamente?*

Vamos recibiendo unas cuantas collejas y patadas en la
espinilla, y la manifestación constante de cualquier cosa que
nos pueda llamar la atención. Cada uno tiene sus propios
códigos, cada uno se va fijando en algo repetitivo en su vida.
El número 22, o 2222, o 222, es algo que he visto muchas
veces de forma repetida. Para otra persona es un símbolo, o
una flor, o un olor... Hay que estar atento. Cuando se manifiestan esas señales, no se trata de exclamar: «¡No me lo
puedo creer!». Se trata de que observes tus pensamientos
y tus circunstancias con mayor agudeza cuando se presenten las señales y de que te preguntes por qué se manifiestan
justo en ese momento, qué tienes que aprender. Toma nota
de lo que sientes cuando se presentan, apúntalo; y luego,
cuando aparezcan otra vez, date cuenta de las casualidades
(causalidades) que se repiten en esas circunstancias. Rebo-
bina lo que estaba pasando por tu mente en ese momento.
Tal vez estabas pensando ir al supermercado a comprar algo
que habías olvidado, y lo habías descartado. Pero de repente
pasa un coche con matrícula 2222, y reconsideras tu decisión. De modo que vas al supermercado, y justo en ese momento está saliendo por la puerta una persona que llevaba
tiempo buscándote y que necesitaba algo de ti. Lo que te
habías olvidado es indiferente; lo importante son esos hilos
que se conectan.

Hay algo más allá de nosotros que quiere que despertemos todos, que despierte nuestra alma colectiva. Todas las coordenadas se están moviendo con absoluta perfección para que se lleve a cabo la gran síntesis, para que un día todos digamos: «*game over*», se acabó el juego.

Actualmente estamos viviendo una aceleración en cuanto a la conexión de los puntos. Es como si estuviéramos montando un puzle de mil piezas y solo nos faltaran cien. Tardas mucho tiempo para unir las primeras piezas pero las últimas cien se juntan enseguida. Estamos en la aceleración final del regreso a casa y los miembros de la familia cósmica nos estamos encontrando los unos con los otros y sentimos esa conexión, esa sintonía... Vemos a personas a las que les daríamos un gran abrazo y empezaríamos a saltar como niños traviesos ante su presencia, sin saber por qué; vivimos ese encuentro con una gran emoción, porque de algún modo estamos reconociendo que habíamos concertado ese encuentro previamente, en otro plano.

Dicen que Dios los crea y ellos se juntan... Hemos venido aquí a vivir la experiencia de ser un rebaño disperso y ahora nos toca recogernos de nuevo, con el conocimiento adquirido en el camino. Es hora de salir del laberinto de la distracción, de volver a casa, de darnos cuenta de que todo está bien y es perfecto. Con el papel que tenemos en la encarnación, nos servimos mutuamente para recordarnos quiénes somos en realidad; los demás seres nos suscitan amor, perdón, admiración..., y así aprendemos los unos de los otros.

Hemos venido aquí a la Tierra a experimentar con los cinco sentidos, como seres humanos. Es muy duro evolucionar, adquirir la automaestría, teniendo un cuerpo físico y cinco sentidos. Nos hemos tirado a la piscina en el lado más hondo; hemos estado dispuestos a perdernos del todo para reencontrarnos del todo. Es muy divertido; es un momento fantástico para estar vivo. ¡Hay que abrazar todas las oportunidades!

Las sincronías a veces parecen auténtica ingeniería... ¿Crees que hay seres sutiles que se dedican a la ingeniería o bien opera una ley cósmica para hacerlas posibles?

Somos nosotros mismos en otros planos. Cada uno es un ser multidimensional; estamos coexistiendo al mismo tiempo, consciente o inconscientemente (en la mayoría de los casos es inconscientemente), con realidades paralelas de nosotros mismos. Solo depende de la frecuencia que alcances en el presente que empieces a ser consciente de esas otras partes u otros aspectos de ti; si estás en la pasión por la vida, en la felicidad y en la plenitud, estarás conectado con esas otras realidades. Dices «ingeniería»... Sí; *ingenias* esa vibración para alcanzar ese aspecto más elevado de ti.

Las sincronías no tienen siempre una apariencia agradable; a veces se producen confluencias que nos sacan de nuestras casillas, ¿no?

Sí; en un mismo día puedes ser un ángel o un demonio. Y ¿quién te provoca sacar el demonio en ti? Otro ser que te está recordando que todavía no eres tu propio maestro, que aún tienes mucho que aprender. Cuando te pinche, dale las gracias, porque te hace tomar conciencia de que aún no dominas tus instintos más primitivos y más básicos, tu parte humana. Nuestros hijos son perfectos para eso, así como nuestra pareja o nuestra familia, que te conocen bien; ellos saben dónde pincharte. Son necesarios; son nuestro barómetro. Porque ¿dónde vas a crecer más? ¿En la montaña meditando en posición de loto mirando el universo y cantando el OM, o en la sociedad, donde realmente te pueden tocar el carácter y el ego? ¿Dónde recibes el mayor estímulo? Necesitas esa provocación; de otro modo, te estancas. Y si te estancas, te vuelves insoportable.

¿Por qué?

Porque te encuentras en un estado no natural; no puedes estar constantemente con la cabeza en las nubes. Nadie puede equilibrarse permaneciendo en ese estado siempre. Como todo es cíclico, no puedes estar en esa constante paz, armonía y felicidad. ¡Es antinatural! Si vivieras así siempre, no estarías en la Tierra, porque aquí rige la dualidad, la polaridad. Tienes que experimentar toda esa gama de sentimientos y reacciones, la manifestación de cómo eres con tu personalidad física, con lo bueno y con lo malo. Todos aquí tenemos nuestros aspectos maravillosos, pero también nos aflora nuestro lado negativo. Tenemos que aceptarnos y que aceptar a los demás tal como son —aunque a veces se tratará de dar un abrazo y otras veces una colleja.

Ser nuestros propios maestros requiere que tengamos un gran discernimiento. ¿Cómo podemos tener por nosotros mismos la amplitud de perspectiva que nos convierte en nuestros propios maestros?

Sabes que vas bien cuando ves que todo está fluyendo en tu vida, que las puertas se te abren y vives las experiencias que te mantienen en la satisfacción de sentir que estás en tu camino. Atraes hacia ti personas y circunstancias con las que resuenas, con las que estás cómodo, y te sientes en casa. Pero también tienes que mantener la mente y el corazón abiertos para recibir a quienes no están en resonancia contigo. Hay que integrar y aceptar también a aquellas personas que sacan lo peor de ti, así como a aquellas que están perdidas, necesitadas de tu inspiración y de tu abrazo, que pueden ver en ti lo que todavía no han logrado ver en sí mismas. Por otra parte, no hay una meta final que lograr; estamos en un proceso de evolución constante.

¡Resetea tu vida!

Para empezar con algo nuevo, con una nueva versión de nosotros mismos, propones hacer un reset. ¿En qué consiste?

El *reset* que hacemos en la práctica de la enseñanza zen empieza con un chequeo multidimensional; buscamos la raíz del problema que tenga el individuo. Si ese problema es de tipo multidimensional, o si existe desde hace muchas generaciones, la persona está arrastrando un lastre energético, del que tiene que liberarse. Cuando hacemos el *reset*, esa persona de repente se equilibra en los ámbitos físico, nervioso, emocional y espiritual. Entra en mayor conexión con su propio Ser; se va esa nube que estaba tapando sus ojos y de repente tiene más visión, más capacidad de tomar decisiones. Se siente más ella misma y experimenta un alivio; es como haberse liberado de una pesada mochila.

¿Y después?

A partir del momento en que has pasado por el *reset*, tus deseos son órdenes. Cuidado con lo que pidas, con lo que sientas, con lo que imagines, porque se va a hacer realidad tarde o temprano. Es un reinicio mental en tu programa, para que sepas que eres el capitán de tu barco, que vas a dirigir tu programa y no vas a dejarte ir a la deriva creyendo en un destino cruel. Tomarás las riendas de tu vida, como cocreador consciente en tu automaestría. Te darás permiso para ser tú mismo, con todas las consecuencias, consciente de las leyes universales, como la ley de acción-reacción: sabes que si actúas o hablas de determinada manera, eso tendrá sus consecuencias. Así que controlas tus pensamientos y diriges tus actos de una forma más consciente.

¿Cómo podemos tener una toma de contacto con el reset?

En mis charlas sobre el *reset* colectivo he hecho, al final, el *reset* mental y de tipo multidimensional. Muchas personas, cuando ven alguno de los vídeos que tengo en Internet sobre el *reset* colectivo, también hacen la práctica, y luego me dicen que les ha cambiado la vida. Y es que no somos seres humanos limitados, como nos han hecho creer; todo es conciencia, y cuando estamos trabajando a escala multidimensional, nos encontramos fuera del tiempo y el espacio. Si por lo que sea conectas conmigo a través de un vídeo y estás predispuesto a recibir ayuda, se va a establecer una conexión multidimensional entre nosotros, de ser a ser.

¿Dónde encontrarme?

Puedes encontrarme en:

- Twitter: https://twitter.com/suzannepowell22
- Instagram: @suzannepowell222
- Facebook: http://www.facebook.com/pages/Suzanne-Powell/197392636971654

Visita también suzannepowell.blogspot.com, donde publico todas las actividades que llevo a cabo y todas las charlas que imparto. Todo es gratuito, incluidas las consultas que atiendo personalmente.

Puedes escribirme a suzanne@lafundacionzen.org.

Si quieres recibir información de los próximos cursos zen y otras actividades programadas, date de alta enviando un mensaje a correo.zen-subscribe@lafundacionzen.org.

Si en tu país no se imparten cursos zen y quieres que los haya, escribe a info@lafundacionzen.org.

Índice